Unsere Muttersprache 5

Cornelsen
Volk und Wissen Verlag

Zu diesem Buch gibt es ein passendes Arbeitsheft (Bestellnummer 100585).

Autoren der Bearbeitung für Sachsen: Simone Fischer (Auerbach), Bernd Skibitzki (Taucha)

Das Buch wurde erarbeitet auf der Grundlage der allgemeinen Ausgabe von:
Karin Bartsch, Hartmut Frentz, Roswitha Grundel, Horst Naumann, Viola Oehme, Bianca Ploog, Jens Richter, Adelbert Schübel, Martin Steen, Viola Tomaszek, Hannelore Walther, Johannes Zech

Redaktion: Inge Barthel, Gabriella Wenzel

Autoren und Redaktion danken Eva-Maria Riesner (Zwickau), Veronika Amm (Dresden) und Bernd Brüheim (Leipzig) für wertvolle Anregungen und praktische Hinweise bei der Entwicklung des Manuskripts.

Umschlaggestaltung: Gerhard Medoch, Katharina Wolff
Illustrationen: Cleo-Petra Kurze
Layout: Stephan Rosenthal
Technische Umsetzung: Manfred Bober

 http://www.cornelsen.de

 http://www.vwv.de

Die Internet-Adressen und -Dateien, die in diesem Lehrwerk angegeben sind, wurden vor Drucklegung geprüft (Stand: Mai 2004). Der Verlag übernimmt keine Gewähr für die Aktualität und den Inhalt dieser Adressen und Dateien oder solcher, die mit ihnen verlinkt sind.

Dieses Werk berücksichtigt die Regeln der reformierten Rechtschreibung und Zeichensetzung. Ausnahmen bilden Originaltexte, bei denen lizenzrechtliche Gründe einer Änderung entgegenstehen, Autoren und Verlage Einspruch gegen die Umstellung der Texte auf das neue Regelwerk erhoben haben. Der Entscheidung des Verlages für die Beibehaltung der alten Schreibweise bei Originaltexten liegt die aktuelle Liste der Verwertungsgesellschaft WORT zugrunde.

1. Auflage   Druck 4 3 2 1   Jahr 07 06 05 04

Alle Drucke dieser Auflage sind inhaltlich unverändert und können im Unterricht nebeneinander verwendet werden.

© 2004 Cornelsen Verlag, Berlin

Das Werk und seine Teile sind urheberrechtlich geschützt.
Jede Nutzung in anderen als den gesetzlich zugelassenen Fällen bedarf der vorherigen schriftlichen Einwilligung des Verlages.
Hinweis zu §52a UrhG: Weder das Werk noch seine Teile dürfen ohne eine solche Einwilligung eingescannt und in ein Netzwerk eingestellt werden.
Dies gilt auch für Intranets von Schulen und sonstigen Bildungseinrichtungen.

Druck: Offizin Andersen Nexö Leipzig

ISBN 3-06-100584-6

Bestellnummer 100584

 Gedruckt auf säurefreiem Papier,
umweltschonend hergestellt aus chlorfrei gebleichten Faserstoffen.

Inhaltsverzeichnis

Zuhören – Sprechen – Schreiben

Miteinander sprechen – sich verständigen ... 6
- Sich kennen lernen ... LB 3 ... 6
- *Projektidee:* Wir erkunden unsere Schule ... LB 1, 3 ... 8
  - Gespräche führen – eine Meinung vertreten ... LB 1, 3, 5 ... 10
  - Miteinander telefonieren ... LB 1 ... 19
  - Karten, Briefe und E-Mails schreiben ... LB 1, 3 ... 22

Erzählen ... 25
- Ein Erlebnis erzählen ... LB 4, 6 ... 25
- Eine Geschichte nacherzählen ... LB 3, 5, 6 ... 30
- Eine Geschichte erfinden ... LB 1, 6 ... 33
- *Projektidee:* Wir schreiben ein Geschichtenbuch ... 38

Beschreiben ... LB 1, 4 ... 40
- Einen Vorgang beschreiben ... 40
- Ein Lebewesen beschreiben ... 45
- Einen Gegenstand beschreiben ... 50

Mit Texten und Medien umgehen

Lesen trainieren – einen Text vorlesen ... LB 1, 3, 6 ... 54

Einem Text Informationen entnehmen ... LB 1, 4 ... 60

Informationen sammeln ... LB 1, 3, 4 ... 64
- Mit Nachschlagewerken umgehen ... 64
- Im Internet Informationen suchen ... 68

Einen Text überarbeiten ... LB 1 ... 70
- Den Inhalt überarbeiten ... 72
- Die Wortwahl überprüfen ... 73
- Die Sätze kontrollieren ... 75
- Die Rechtschreibung korrigieren ... 76
- Eine Schreibkonferenz durchführen ... 77

Einen Kurzvortrag halten ... LB 1, 3, 5 ... 80

Inhaltsverzeichnis

Über Sprache nachdenken

Eine Reise in die Geschichte unserer Namen — WP 2 — 82
- Wie wir gerufen werden — 82
- Woher unsere Familiennamen stammen — LB 3 — 84
- Was uns Orts- und Flurnamen sagen — LB 3 — 85

Eine Reise in die Geschichte unserer Wörter — WP 2 — 88
- Fremdwörter — 88
- Erbwörter — 89
- Lehnwörter — 90

Satzbau und Zeichensetzung — LB 2 — 93
- Satzarten und ihre Satzschlusszeichen — 93
- Bau des einfachen Satzes — 95
    - Subjekt — 96
    - Prädikat — 97
    - Objekt (Ergänzung) — 99
    - Attribut (Beifügung) — 102
    - Kommasetzung bei Aufzählungen — 103
- Bau des zusammengesetzten Satzes — 105
- Zeichensetzung bei der direkten (wörtlichen) Rede — 109

Wortarten und Wortformen — LB 2 — 112
- Verben — 112
    - Leitformen / Stammformen — 112
    - Finite (gebeugte) und infinite (ungebeugte) Verbformen — 115
    - Zeitformen (Tempusformen) der Verben — 120
- Substantive / Nomen — 125
    - Begleiter des Substantivs — 127
    - Personalpronomen (persönliche Fürwörter) als Stellvertreter des Substantivs — 129
- Adjektive (Eigenschaftswörter) — 131

Wortbildung und Schreibung — LB 2 — 134
- Zusammengesetzte Substantive — 134
- Abgeleitete Substantive — 137
- Zusammengesetzte Verben — 139
- Abgeleitete Verben — 140
- Wortverwandtschaft und Wortfamilien — 142

Wortbedeutung — LB 2 — 144
- Wortfelder — 144
- Über- und Unterordnung — 145

Richtig schreiben

Aus Fehlern lernen — LB 1, 2 — 147

Häufig vorkommende Wortstämme richtig schreiben — LB 2 — 149
- Wörter mit *b, d, g* und *p, t, k* am Stammende — 149
- Wörter mit *s, ss, ß* im Wortstamm — 150
- Wortstämme in verwandten Wörtern — 152
- Typische Buchstabenverbindungen — 153
- Wörter mit kurzem Stammvokal (Stammselbstlaut) — 154
- Wörter mit langem Stammvokal — 156

Wörter auf *-ig, -lich, -isch* — 159

Groß- und Kleinschreibung — LB 2 — 160
- Großschreibung der Substantive — 160
- Schreibung der Anredepronomen — 162

Worttrennung — LB 2 — 163

Arbeitstechniken nutzen — LB 1, 2 — 164
- Eine Fehlerkartei anlegen — 164
- Sich Schreibungen einprägen — 165
- Richtig abschreiben — 166
- Partnerdiktate schreiben — 167
- Laufdiktate schreiben — 168
- Dosendiktate schreiben — 168
- Rechtschreibspiele ausprobieren — 169

Projektidee: Wir stellen Lernspiele her — 171

Anhang — 172

- Wichtige grammatische Bezeichnungen — 172
- Was finde ich wo? — 174
- Sachwortverzeichnis — 175
- Quellenverzeichnis — 176

- Arbeitet zu zweit.
- Arbeitet in Gruppen.
- Lies dort nach.
- Nützlicher Tipp
- Hier kannst du den Computer einsetzen.

- Mit diesem Zeichen sind die in diesem Lehrwerk abgedruckten Internet-Adressen kenntlich gemacht.
- LB Lernbereich
- WP Wahlpflicht

Zuhören – Sprechen – Schreiben

Miteinander sprechen – sich verständigen

Sich kennen lernen

1

a Schaut euch das Bild einmal genau an. Was könnte den beiden auf dem Weg in die Schule noch durch den Kopf gehen?

b Du warst selbst schon einmal in dieser Situation: eine neue Schule, ein neuer Klassenraum, neue Mitschülerinnen und Mitschüler. Mit welchen Gefühlen und Erwartungen oder auch Ängsten bist du in die Schule gekommen?

2 Um einander schnell kennen zu lernen, kann man eine Menge tun.

a Welche der folgenden Punkte würden dich bei einer neuen Mitschülerin oder einem neuen Mitschüler am meisten interessieren?

Gewicht	Größe, Schuhgröße	Adresse
Name	Geburtstag	Augenfarbe
Geschwister	Alter	Geburtsort
Haarfarbe	bisherige Schule / Klasse	Berufswunsch
Hobby	Beruf der Mutter / des Vaters	Lieblingsfach

b Vielleicht haben dir einige Punkte gefehlt? Was würdest du ergänzen?

c Ordne die Punkte nach ihrer Wichtigkeit für dich. Begründe deine Reihenfolge.

Sich kennen lernen

3 Beim Spielen lernt man sich am besten kennen. Ihr könnt das ausprobieren.

Vorstellungsrunde
1. Schreibe zehn Fragen auf, die du deinen Mitschülerinnen und Mitschülern stellen willst.

Wie heißt du?
Welche Hobbys hast du?
Wo …

2. Nummeriere deine Fragen so, dass die für dich wichtigste Frage an erster Stelle steht usw.
3. Stelle dein Ergebnis in der Klasse vor. Einigt euch auf eine gemeinsame Frageliste, die an die Tafel oder auf Folie geschrieben wird.
4. Du musst die Fragen natürlich auch für dich selbst beantworten können. Mach dir Notizen dazu.
5. Setzt euch nun in einen Stuhlkreis und stellt euch gegenseitig vor, indem jede/jeder von euch die Fragen beantwortet.

Partnerinterview
1. Suche dir jemanden aus, den du noch nicht gut kennst. Stelle ihr/ihm Fragen aus dem Spiel „Vorstellungsrunde". Notiere die Antworten auf einem Zettel. Danach werden die Rollen getauscht.
2. Setzt euch nun in einen Kreis und stellt der Klasse eure Interviewpartner vor.

Namenschlange
Vielleicht wollt ihr ganz schnell eure Namen kennen lernen. Setzt euch in Gruppen zu zehnt oder zwölft in einem Kreis zusammen. Ein Schüler beginnt: „Ich heiße Marcus." Sein linker Nachbar fährt fort: „Das ist Marcus und ich heiße Dirk." Der nächste Nachbar links merkt sich beide Namen: „Das ist Marcus, das ist Dirk und ich heiße …"
So geht das Spiel reihum. Wird ein Name falsch genannt oder vergessen, können die anderen helfen.

4 Ihr könnt euch natürlich auch in schriftlicher Form vorstellen, z. B. in Steckbriefen, die ihr an der Pinnwand veröffentlicht.

a Was vermisst du in diesem Steckbrief?

b Wie könnte dein Steckbrief aussehen? Illustriere ihn mit Fotos und mit Bildern von Gegenständen, die dir wichtig sind.

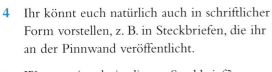

Steckbrief
Name: Berger
Vorname: Kai
Größe: 1,60 m
Lieblingsfach: Sport

Miteinander sprechen – sich verständigen

Wir erkunden unsere Schule

In den ersten Tagen des neuen Schuljahrs wollt ihr nicht nur eure neuen Mitschülerinnen und Mitschüler kennen lernen, sondern euch auch mit eurer Umgebung vertraut machen. Das könnte z. B. im Rahmen eines Projekts geschehen.
In diesem und in den folgenden Schuljahren werdet ihr des Öfteren zur Projektarbeit angeregt werden. Deshalb solltet ihr wissen, wie man ein Projekt durchführt.

Wie ihr Projektarbeit organisieren könnt

Was ist ein Projekt?
Ein **Projekt** ist ein gemeinsam geplantes Vorhaben. Ihr alle wirkt daran mit und bringt das Projekt gemeinsam erfolgreich zu Ende.

Wie läuft Projektarbeit ab?
Jedes Projekt wird in mehreren Teilschritten durchgeführt.

1. Schritt: Projektidee
Am Anfang geht es darum, eine **Idee** für eure Projektarbeit zu finden.
Darüber müsst ihr gemeinsam beraten und euch einigen,
da ja alle bei der Verwirklichung der Idee mitmachen sollen.
Legt auch das **Ziel** fest, das ihr mit eurer Projektarbeit erreichen wollt.

2. Schritt: Projektplanung
Wenn Projektidee und Ziel eurer Arbeit feststehen, solltet ihr einen **Plan** aufstellen. Darin wird – am besten in einer Tabelle – festgehalten, wer was bis wann zu erledigen hat.

Was ist zu tun?	Wer übernimmt was?	Bis wann?

3. Schritt: Projektdurchführung
Hier werden die Arbeitsschritte, die im Projektplan festgelegt sind, durchgeführt.

4. Schritt: Projektpräsentation
Am Ende wird das **Ergebnis** vorgestellt. Das kann auf unterschiedliche Weise geschehen, z. B. als Ausstellung im Schulhaus, als Programm für eure Eltern oder auch als Geschenk für Freunde und Geschwister.

Projekt: Wir erkunden unsere Schule

Und nun solltet ihr es einmal selbst versuchen. Bestimmt werdet ihr bei eurer Projektarbeit viel lernen und darüber hinaus auch Spaß haben. Für das Projekt „Wir erkunden unsere Schule" könntet ihr folgende Teilaufgaben untersuchen:

(1) Wir erkunden unsere Schule und stellen besondere Räume vor, z. B. das Computerkabinett, die Schulbücherei.
(2) Wir informieren uns darüber, welche Verhaltensregeln in der Hausordnung unserer Schule festgelegt sind.
Wir überlegen, was im Schulgebäude und auf dem Schulhof besser geregelt werden könnte.
(3) Wir überprüfen die Sitzordnung unserer Klasse und schlagen unserer Klassenlehrerin/unserem Klassenlehrer Veränderungen vor.
(4) Wir erkundigen uns, welche Freizeitangebote es an unserer Schule gibt.
(5) Wir erkunden die Umgebung unserer Schule und den Ort, in dem sie sich befindet.

Ihr könnt euch natürlich auch ganz andere Aufgaben stellen. Das hängt von der Situation in eurer Klasse oder Schule ab.

Wie viele Teilaufgaben ihr bearbeiten wollt, solltet ihr danach entscheiden, wie viele Schülerinnen und Schüler in eurer Klasse sind, wie viele Gruppen ihr bilden wollt und wie viel Zeit euch für euer Projekt zur Verfügung steht.

Nachdem ihr euch gemeinsam mit eurer Klassenlehrerin/eurem Klassenlehrer für eine oder mehrere Aufgaben entschieden habt, könnt ihr so vorgehen, wie im Rahmen auf S. 8 vorgeschlagen.

Am Ende eures Projekts solltet ihr gemeinsam mit eurer Lehrerin/eurem Lehrer kritisch auswerten, ob Planung, Durchführung und Ergebnis eures Projekts erfolgreich waren.
So könnt ihr feststellen, was ihr beim nächsten Mal vielleicht besser machen müsst.

Miteinander sprechen – sich verständigen

Gespräche führen – eine Meinung vertreten

1 Nachdem das Schuljahr angelaufen ist, solltet ihr euch einmal zusammensetzen und über eure Eindrücke, Vorhaben und Wünsche sprechen. Das könnt ihr am besten in kleinen Gruppen tun. Diese Arbeitsform kennt ihr sicher schon. Dabei ist es wichtig, bestimmte Regeln zu beachten.

Wie ihr Gruppenarbeit durchführen könnt

- Bildet etwa gleich große Gruppen. Gebt euch **Gruppennamen**.
  Es sollten auch Mitschülerinnen und Mitschüler miteinander arbeiten, die sich noch nicht so gut kennen.
- Setzt euch so um einen Tisch, dass alle schreiben können.
  Verändert die Tischordnung so, dass alle Platz zum Arbeiten haben.
- Wählt eine **Gruppenleiterin** / einen **Gruppenleiter**. Sie / Er ist für die Absprachen mit der Lehrerin / dem Lehrer zuständig und muss dafür sorgen, dass
  – in der Gruppe nicht zu laut gesprochen wird,
  – sich alle an der Arbeit beteiligen,
  – die vorgegebene Zeit eingehalten wird und
  – die Arbeitsergebnisse festgehalten werden.
- Achtet bei der Gruppenarbeit darauf, dass ihr nicht immer dieselben Aufgaben übernehmt. Jeder sollte einmal die Gruppe leiten, die Ergebnisse notieren oder sie später vortragen.

---

a Vor Beginn der Gruppenarbeit solltet ihr euch auf bestimmte Arbeits- und Verhaltensregeln einigen und darauf achten, dass ihr sie dann auch einhaltet.
Überlegt gemeinsam, was für Regeln das sein könnten. Tragt sie zusammen und hängt sie in der Klasse gut sichtbar auf. So könnt ihr euch gegenseitig immer an eure Abmachungen erinnern.

b Bildet Gruppen und tauscht eure Erfahrungen und Gedanken darüber aus, was sich in den letzten Wochen in der Schule / Klasse ereignet hat. Folgende Fragen könnten im Mittelpunkt stehen:

- Was gefällt mir in der Schule / Klasse?
- Was wünsche ich mir?
- Was stört mich?
- Was könnte verbessert werden?

Gespräche führen – eine Meinung vertreten 11

c Nach der Gruppenarbeit trägt die Sprecherin / der Sprecher der Gruppe die Ergebnisse vor. Vereinbart eine Redezeit und achtet darauf, dass sie eingehalten wird.
Je zwei Schülerinnen oder Schüler sollten an der Tafel notieren,
– was die Mitschülerinnen und Mitschüler stört und
– was sie sich wünschen oder was sie verbessern wollen.

d Fasst anschließend die wichtigsten Ergebnisse zusammen. Wenn es Dinge gibt, die ihr verändern wollt, überlegt gemeinsam, wie ihr das anpacken könnt.

> Gespräche kann man mit unterschiedlicher **Zielstellung** führen, z. B. auch, um jemandem einen **Wunsch mitzuteilen** und sich um die Erfüllung dieses Wunsches zu bemühen.

2 a Lest die drei folgenden Gesprächsausschnitte mit verteilten Rollen.

ANJA: Du, Papa, ich brauche mehr Taschengeld.
VATER: Aber du bekommst doch wirklich schon genug.
ANJA: Claudia kriegt viel mehr als ich.
VATER: Claudia ist für dich kein Maßstab.
ANJA: Außerdem wird alles immer teurer.
VATER: Was meinst du denn damit?
ANJA: In meinem Alter braucht man eben mehr Geld.
VATER: Wozu?
ANJA: Die anderen lachen mich schon aus!
VATER: Welchen Grund sollten denn …
ANJA: Die Schulhefte musste ich ja auch vom Taschengeld bezahlen.
VATER: Ja, das hatten wir so ausgemacht.
ANJA: Wenn du wüsstest, wie viel Sandra kriegt!
VATER: Wir haben doch genau besprochen, wie viel Taschengeld du in diesem Jahr bekommst und dass du davon einige Dinge für die Schule selbst kaufen musst.
ANJA: Ich brauche aber mehr!

✳

STEFAN: Lässt du mich mal mit deinem neuen Bike fahren?
JENS: Nein, dazu war es zu teuer. Wenn was passiert, wer soll das bezahlen?
STEFAN: Ich pass schon auf. Und Rad fahre ich ja schließlich auch.
JENS: Das ist aber ein besonderes Rad. Mit der Technik kennst du dich nicht aus. Fahr du mal mit deiner alten Mühle weiter!
STEFAN: Werd bloß nicht frech! Du denkst wohl, du bist was Besonderes? Also gib schon her!

✳

JANA: Darf ich mir den Film heute Abend ansehen?
MUTTER: Nein, der kommt viel zu spät.
JANA: Aber ich muss ihn für die Schule sehen. Unser Deutschlehrer will mit uns darüber sprechen.
MUTTER: Das kann ich mir nicht vorstellen. Wenn der Film am Nachmittag laufen würde, dann könnte ich das verstehen. Aber …
JANA: Dann kann ich eben die Hausaufgabe nicht machen.
MUTTER: Morgen früh rufe ich in der Schule an und frage, ob das stimmt, was du sagst.
JANA: Kann ich mir den Film nun ansehen?

b Meinst du, dass Anja, Stefan und Jana ihre Wünsche durchsetzen können? Begründe deine Meinung.

c Spielt die drei Situationen mit verteilten Rollen. Gestaltet die Gespräche so, dass die Wünsche der drei erfüllt werden.

3 a Arbeitet zu zweit. Wählt eine der folgenden Situationen aus und überlegt euch, wie ein Gespräch verlaufen müsste, das mit einer Zustimmung endet.

(1) Kevin möchte, dass seine Schwester Ramona den Geschirrspüler für ihn ausräumt.
(2) Vera möchte, dass ihre Mutter ihr erlaubt, nach der Klassenfete am späten Nachmittag noch zu ihrer Freundin zu gehen.
(3) Anna möchte von ihren Eltern die Einwilligung, in den Ferien auf den Reiterhof zu fahren.

Zustimmung kannst du z. B. so **ausdrücken**:

Ja, du hast Recht. *Da muss ich dir zustimmen.*
Ich habe nichts dagegen. *Das ist eine gute Idee.*
Ja, das finde ich auch. *Da bin ich mit dir einer Meinung.*

---

b Spielt euer Gespräch in der Klasse vor.
Die Zuhörenden sollen darauf achten,
– ob die Wünsche überzeugend begründet wurden und
– wie Zustimmung oder Einwilligung ausgedrückt wurde.
Ihr könnt euch beim Zuhören Stichpunkte machen.

Gespräche führen – eine Meinung vertreten   13

> Es kann natürlich auch zur **Ablehnung** eines Wunsches kommen. Das kann geschehen, wenn der Angesprochene meint, dass der Wunsch nicht berechtigt ist. Es kann aber auch daran liegen, dass der Wunsch nicht überzeugend vorgetragen und begründet wurde. Ablehnung kannst du z. B. so **ausdrücken**:
>
> *Ich bin da ganz anderer Ansicht.* *Das ist doch kein Grund.*
> *Da kann ich dir nicht zustimmen.* *Das ist keine gute Idee.*
> *Da kann ich dir nicht Recht geben.* *Dem steht entgegen, dass ... .*

4 a Gestalte gemeinsam mit deiner Lernpartnerin / deinem Lernpartner euer Gespräch aus Aufgabe 3 auf S. 12 so um, dass es mit einer Ablehnung endet.

b Spielt mehrere Gespräche vor. Die Zuhörenden sagen im Anschluss, welche Ablehnung sie am glaubwürdigsten fanden. Sie sollten ihre Meinung auch begründen.

> Zwischen Zustimmung und Ablehnung liegt der **Kompromiss**. Das bedeutet, die Gesprächspartner kommen sich entgegen und finden einige Punkte, in denen sie übereinstimmen.
> Kompromisse kannst du so **ausdrücken**:
>
> *Das erlaube ich dir nur, wenn du ... .* *Damit bin ich nur einverstanden, wenn ... .*
> *Wenn ich ... darf, dann ... .* *Ich würde zustimmen, wenn ... .*

5 a Setz dich noch einmal mit deiner Lernpartnerin / deinem Lernpartner zusammen. Verändert euer Gespräch aus Aufgabe 3 auf S. 12 so, dass es mit einem Kompromiss endet. Überlegt dabei genau, unter welchen Bedingungen der Wunsch erfüllt werden könnte.

b Spielt einige eurer Gespräche vor und tauscht euch anschließend darüber aus, ob euch die Kompromisse überzeugt haben.

6 Schau dir noch einmal die Gesprächsausschnitte in Aufgabe 2 a auf den S. 11–12 an. Suche Begründungen für die vorgetragenen Wünsche heraus. Überzeugen dich die Gründe? Warum? Warum nicht?

7 Setze dich mit den folgenden Meinungen auseinander. Du kannst zustimmen oder ablehnen. Auf jeden Fall musst du eine Begründung dafür geben.

- Mädchen und Fußball passen nicht zusammen.
- Sport hält gesund.
- Tiere gehören nicht in die Wohnung.
- Bücher sind Freunde.

14 Miteinander sprechen – sich verständigen

> In Gesprächen kannst du aufgefordert werden, deine **Meinung** zu einer bestimmten Sache zu äußern. Wenn du andere von deiner Meinung überzeugen willst, musst du sie ausreichend **begründen**. Das kannst du z. B. tun, indem du sagst, warum du so denkst. Nenne auch Beispiele, die beweisen, dass deine Meinung richtig ist.

8 a In dem folgenden Gespräch treffen unterschiedliche Meinungen aufeinander. Lest den Text mit verteilten Rollen.

SOPHIA: Wir sind heute zusammengekommen, um unsere Schülersprecherin oder unseren Schülersprecher zu wählen.
GEORG: Ich bin der Meinung, dass wir gar keinen Schülersprecher brauchen.
KATJA: Wie kommst du denn darauf?
GEORG: Die Lehrer bestimmen doch sowieso, was wir tun oder lassen sollen.
MIKE: Red nicht so 'n Quatsch, du Blödmann!
GEORG: Selber Blödmann! Du weißt doch nicht mal, was ein Schülersprecher ist!
SOPHIA: So geht das nicht! – Gut, dann reden wir zuerst mal darüber, warum wir einen Schülersprecher brauchen.
ULRIKE: Der hilft uns, unsere Interessen durchzusetzen. Auch wenn das manchen Lehrern nicht passt.
MIKE: Genau! Wir haben nämlich Rechte. Und die müssen wir durchsetzen. Da brauchen wir jemanden, der …
GEORG: Was heißt hier: Da brauchen wir jemanden. Du bist wohl zu faul dazu?
SOPHIA: Lass doch Mike ausreden! Was muss ein Schülersprecher können?

b Was läuft in diesem Gespräch falsch? Warum klappt die Verständigung nicht?

c Bewertet die Redebeiträge. Wer macht Vorschläge, die die Diskussion weiterbringen? Wer nicht? Wer versucht zu vermitteln?

d Welche Meinung hast du zu der aufgeworfenen Frage? Hältst du eine Schülersprecherin/einen Schülersprecher für notwendig? Gib Begründungen für deine Meinung.

e Welche Eigenschaften müsste eine Schülersprecherin/ein Schülersprecher haben? Wie sieht es in eurer Klasse damit aus? Seid ihr mit eurer Situation zufrieden?

Gespräche führen – eine Meinung vertreten

> Gespräche können nur dann erfolgreich verlaufen, wenn sich die Teilnehmenden an bestimmte **Gesprächsregeln** halten. Du solltest
> – deinem Gesprächspartner zuhören;
> – den anderen ausreden lassen, ihn nicht unterbrechen;
> – auf das eingehen, was dein Gesprächspartner gesagt hat;
> – beim Thema bleiben, nicht abschweifen;
> – deine Meinung begründen;
> – höflich sein;
> – deinen Gesprächspartner ansehen.

9 a Schau dir das Gespräch in Aufgabe 8 a auf S. 14 noch einmal an. An welchen Stellen wird gegen Gesprächsregeln verstoßen? Nenne die Sprecherin / den Sprecher und die Regel, die nicht beachtet wird.

b Gegen welche Regeln wird in eurer Klasse – bei der Gruppenarbeit oder im Klassengespräch – am häufigsten verstoßen? Was wollt oder könnt ihr dagegen unternehmen?

> **Zuhören** ist eine wichtige Voraussetzung dafür, dass man im Gespräch nicht aneinander vorbeiredet. Ihr könnt das trainieren.

10 Ihr schickt fünf oder sechs Schüler aus dem Klassenzimmer und einigt euch dann auf ein Bild oder Foto, das einer von euch dem Ersten, den ihr wieder hereinruft, so genau wie möglich beschreibt, ohne dass er es sehen kann. Der Erste wiederum muss das Bild dem Zweiten, der hereingerufen wird, beschreiben usw., bis der Letzte wieder in der Klasse ist.

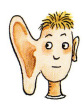

11 a Stellt eine Gruppe von sechs Schülern zusammen, die sich über das Thema
• *Sollte es in der Schule Mittagessen geben?* oder
• *Sollten Ballspiele in der Hofpause erlaubt sein?* oder
über ein anderes Thema unterhält.

Die Übung, die man auch „Echogespräch" nennt, soll folgendermaßen ablaufen:

Der erste Redner äußert seine Meinung. Der jeweils nächste wiederholt zuerst die Meinung seines Vorredners, bevor er selbst seine Meinung äußert.
Die Schülerinnen und Schüler, die nicht am Gespräch beteiligt sind, überprüfen, ob der Beitrag des jeweiligen Vorredners richtig wiedergegeben wurde.
Danach wird das Gespräch bewertet: – Haben die Teilnehmenden richtig zugehört?
– Wer hat seinen Vorredner missverstanden?

b Wechselt die Rollen zwischen Gesprächsteilnehmern und Beobachtern und wiederholt die Übung zu einem Thema eurer Wahl.

Miteinander sprechen – sich verständigen

> Wenn ein Gespräch erfolgreich geführt werden soll, muss jede Teilnehmerin/
> jeder Teilnehmer auf ihre/seine Worte achten. Es gibt **Ausdrucksweisen, die**
> zum Sprechen **ermutigen**, die ein Gespräch vorantreiben, aber auch solche,
> **die entmutigen** und sich störend auf den Gesprächsverlauf auswirken.

12 a Untersuche die folgenden Sätze und entscheide,
ob sie auf dich ermutigend oder entmutigend wirken.

(1) Silvie, was meinst du dazu?
(2) Merkst du nicht, dass deine Frage stört?
(3) Quatsch nicht solchen Blödsinn!
(4) Das ist eine klasse Idee!
(5) Kannst du das mal erklären?
(6) Dazu hab ich aber 'ne ganz andere Meinung!
(7) Du kapierst das nicht!
(8) Was meinen denn die anderen dazu?
(9) Das glaubst du doch selber nicht!

b Beurteilt gemeinsam die Ausdrucksweise der Schülerinnen und Schüler in dem Gesprächsausschnitt der Aufgabe 8 a auf S. 14.

c Welche anderen Wendungen, die ein Gespräch vorantreiben, fallen dir ein?

> In Gesprächen kannst du dich nicht nur mithilfe der Sprache ausdrücken, sondern
> auch durch den **Gesichtsausdruck** (**Mimik**) und durch **Körperbewegungen** (**Gestik**).

13 Schau dir die folgenden Abbildungen einmal genau an. Achte besonders auf den Gesichtsausdruck, auf Hand- und Armbewegungen und auf die Körperhaltung der einzelnen Personen. Was wollen sie damit wohl zum Ausdruck bringen?

Gespräche führen – eine Meinung vertreten

14 a Jeder von uns verwendet Mimik und Gestik – der eine mehr, der andere weniger. Versuche einmal, durch Pantomime, das heißt durch deinen Gesichtsausdruck und/oder durch Körperbewegungen, etwas Bestimmtes zum Ausdruck zu bringen.
Lass deine Mitschülerinnen und Mitschüler deine Absicht erraten.

b Jede/Jeder von euch schreibt auf einen Zettel eine Tätigkeit, die sich gut ohne Worte ausdrücken lässt, z. B. *eine Flasche öffnen, eine Banane schälen, einen Gegenstand suchen*. Sammelt eure Vorschläge in einem Behälter. Lasst jede/jeden von euch einen Zettel ziehen und die Tätigkeit vorspielen. Die anderen sollen sie erraten.

c Ihr könnt auch ein Gespräch in eurer Klasse auf Video aufnehmen. Seht euch die Aufzeichnung anschließend an und beurteilt Mimik und Gestik der Einzelnen.
Wie drücken sie z. B. Zustimmung oder Ablehnung aus?

> Gespräche können dazu beitragen, **Probleme** zu **lösen**. Das gilt für Schwierigkeiten in der Familie, unter Freunden oder in der Klasse: Man sollte offen darüber reden.

15 a Oliver schwänzt den Unterricht. Der Klassenlehrer ruft Olivers Mutter an und teilt ihr mit, dass ihr Sohn schon seit vier Tagen unentschuldigt fehlt. Er kündigt eine Schulstrafe an, wenn sich die Sache nicht aufklärt und Oliver nicht wieder zur Schule kommt.
Die Mutter ist ganz erschrocken und verspricht, sich darum zu kümmern.
Spielt das Gespräch zwischen der Mutter und dem Klassenlehrer. Lasst den Klassenlehrer bestimmt und fordernd auftreten und Olivers Mutter überrascht und bestürzt reagieren.

b Am Nachmittag spricht die Mutter mit Oliver:

MUTTER: Oliver, ich muss mit dir reden.
OLIVER: Ja, was ist denn?
MUTTER: Herr Müller hat mich heute früh angerufen.
OLIVER: Und was wollte er?
MUTTER: Ich denke, das weißt du ganz genau.
OLIVER: Wieso?
MUTTER: Er hat mir gesagt, dass du seit vier Tagen die Schule schwänzt!
OLIVER: Ich soll …?
MUTTER: Ja, du hast! Erklär mir das bitte mal!
OLIVER: Das, das liegt an den anderen.
MUTTER: Was haben denn die anderen mit deinem Schwänzen zu tun? Erzähl mir das mal!

Lest das Gespräch mit verteilten Rollen. Sprecht anschließend darüber, warum es Oliver wohl schwer fällt, sein Schwänzen zuzugeben. Warum tut er es aber schließlich doch?

Miteinander sprechen – sich verständigen

c Oliver erklärt seiner Mutter, was „die anderen" mit seinem Fehlen zu tun haben:

OLIVER: Ach, die meisten lachen mich immer nur aus.
MUTTER: Warum lachen dich deine Mitschüler aus? Was haben sie für einen Grund?
OLIVER: Weil ich mich immer verspreche, wenn ich was vorlesen soll. Und beim Schreiben an der Tafel mache ich auch so viele Fehler. Da lachen die mich sogar noch in den Pausen aus. Das kann ich einfach nicht mehr aushalten!
MUTTER: Pass auf! Jetzt überlegen wir mal gemeinsam, was wir dagegen tun können. Du wirst sehen, dann wird dir die Schule auch wieder Spaß machen.

Was haltet ihr von Olivers Begründungen? Welche Gründe könnte es noch geben?

d Welche Lösungen gibt es eurer Meinung nach für Olivers Problem?

16 a Sicher kennst du eine ähnliche Situation, in der du dich wie Oliver (Aufgabe 15) hilflos und einsam gefühlt und dich geschämt hast. Schreibe eine solche Situation auf.

b Wählt von den notierten Situationen eine aus. Überlegt, wie man das Problem lösen könnte, und bereitet euch auf ein Gespräch darüber vor. Dabei könnt ihr folgendermaßen vorgehen:
Bildet Gesprächsgruppen von vier bis sechs Teilnehmerinnen und Teilnehmern.
Versucht in etwa fünf Minuten innerhalb eurer Gruppe eine einheitliche Meinung zu dem Problem zu erarbeiten.

➔ S. 10: *Gruppenarbeit*.
S. 15: *Gesprächsregeln*.

c Die Gruppensprecher nehmen nun im Halbkreis vor der Klasse Platz. Sie tragen nacheinander die Meinung ihrer Gruppe vor und begründen sie.
Danach versuchen sie in einem Gespräch von etwa zehn Minuten zu einer gemeinsamen Meinung zu kommen.
Die Zuhörenden verfolgen das Gespräch aufmerksam. Sie beobachten die Teilnehmer und beurteilen anschließend, ob sie die Gesprächsregeln eingehalten haben.
Ihr könnt auch so genannte Expertenbeobachter bestimmen. Diese achten während des Gesprächs nur auf je eine Gesprächsregel.

Für die Auswertung des Gesprächs ist die Aufzeichnung mit der Videokamera sehr hilfreich. Wenn ihr eine solche Möglichkeit habt, solltet ihr sie nutzen.

Miteinander telefonieren

1. Das Telefon klingelt! Wer ruft da an? Oft haben wir keine Ahnung, wer es sein könnte. Selbst wenn im Display unseres modernen Telefons die Nummer oder sogar der Name des Anrufenden erscheint, kennen wir die Person manchmal nicht.
Wie verhält man sich in solchen Fällen? Erinnerst du dich an besonders wichtige, an lustige, traurige oder auch an seltsame Anrufe? Wie hast du dich verhalten?

2. Sicher hast du dich mit deinen Eltern darüber unterhalten, wie du dich am Telefon melden sollst, wenn du allein zu Hause bist.
Welche Vereinbarungen gibt es in eurer Familie? Tauscht euch auch über die Gründe dafür aus.

> Es gibt verschiedene Möglichkeiten, **sich am Telefon** zu **melden**, wenn man angerufen wird, z. B.:
>
> *Kati Baumann, guten Tag! / Guten Tag, hier spricht Kati Baumann. / Ja, bitte?*

3a. Stell dir einmal die folgende Situation vor:
Gerade aus der Schule gekommen, wird Lydia von ihrer Freundin angerufen.
Was haben die beiden sich bloß schon wieder zu erzählen? Das Telefon ist fast eine Stunde lang besetzt.
Sprecht darüber, wann man eigentlich telefonieren sollte. Wann könnte ein längeres Gespräch nötig sein? Wann sollte man sich kurz fassen? Begründet eure Meinung.

b. Überlegt euch zu zweit eine Situation, in der ein kurzes Telefonat ausreicht, um eine Sache zu klären.
Spielt mehrere solcher Situationen im Rollenspiel.
Beurteilt anschließend, was gelungen ist und was noch verbessert werden könnte.

Miteinander sprechen – sich verständigen

4 a Wenn Philipp am Nachmittag allein zu Hause ist, muss er manchmal telefonische Mitteilungen für seine Eltern entgegennehmen. Er schreibt sie auf Zettel aus dem Notizblock, der neben dem Telefon liegt.
Sieh dir seine Notizen an. Was hältst du davon?

---

30 38 16 21 KKH anrufen (Mutti)

Nicht vergessen!
Dr. Baumgart, Montag, 17.15 Uhr

Eine Frau Becher (?) hat angerufen.
Heute Abend noch mal!

Versicherung

Vati:
Anruf von Herrn Borchert:
Terminänderung, bitte zurückrufen!
Tel.: (0 42 10) 6 31 74 12

Eismann wann?

---

b Würdest du an Philipps Stelle etwas anders machen?

> Beim Telefonieren kann man sich nicht sehen. Deshalb ist es besonders wichtig, **langsam und deutlich** zu **sprechen**.
>
> Deine **Fragen und Antworten** sollten möglichst **kurz und genau** sein. Möchtest du z. B. eine telefonische Auskunft einholen, so überlege dir die Fragen, die du stellen willst, schon vor dem Anruf. Und vergiss nicht, dich für die Auskunft zu bedanken.
>
> Du musst auch darauf vorbereitet sein, dass die/der Angerufene den **Anrufbeantworter** eingeschaltet hat. Dann solltest du deinen Namen nennen und dein Anliegen kurz und verständlich vortragen. Manchmal ist es auch günstig, um Rückruf zu bitten. In diesem Fall solltest du deine Telefonnummer hinterlassen.

5 Es gibt viele Situationen, in denen ein Anruf hilfreich sein kann, z. B.:

- Du möchtest mit einigen Freunden ins Kino gehen. Ihr wisst aber nicht genau, welcher Film gerade läuft und wann die Vorstellungen beginnen.
  Du übernimmst es, dich telefonisch zu erkundigen.
- Leider hast du dich erkältet und kannst heute nicht zum Training gehen. Dein Trainer würde sich bestimmt freuen, wenn du dich entschuldigst.
  Ruf ihn doch einfach an!
- Du kommst aus der Schule nach Hause und plötzlich stehst du im Wohnzimmer vor einer großen Pfütze. Die Heizung tropft wohl schon seit Stunden.
  Wen kannst du anrufen?

Miteinander telefonieren

a Probiert es einmal aus. Spielt die Situationen in Rollenspielen. Nehmt die Gespräche auf Kassette auf. Hört euch die aufgezeichneten Gespräche an und sprecht anschließend darüber, ob ihr alles richtig gemacht habt. Versucht es dann noch einmal.

b Wie würdest du dein Anliegen formulieren, wenn die / der Angerufene den Anrufbeantworter eingeschaltet hat?

c Stellt gemeinsam Regeln für „Gute Manieren beim Telefonieren" zusammen.

6 Kennst du **deine** Notrufnummern?
In Notsituationen ist man meist zu aufgeregt, um ruhig überlegen zu können.
Lege deshalb gemeinsam mit deinen Eltern und Geschwistern eine Liste an, aus der genau hervorgeht, was in einem Notfall zu tun ist. Schreibt alle Telefonnummern auf, die ihr anrufen könnt, wenn ihr Hilfe braucht.
Hängt die Liste an einen gut sichtbaren Platz – am besten in die Nähe eures Telefons.

> Meine Notfallliste
> 1. Ruhe bewahren
> 2. Überlegen, wer helfen könnte
> 3. ...

7a Schau dir einmal ein Telefonbuch genau an. Wo findest du wichtige Rufnummern?

b Wie ist ein Telefonbuch aufgebaut? Welche Informationen kannst du darin finden?

c Wie sind gleiche Familiennamen im Telefonbuch geordnet?

d Suche im Telefonbuch für deine Region die Nummer deiner Schule, der nächstgelegenen Bibliothek und des Rathauses heraus.

e Picke dir zwei beliebige Familiennamen aus dem Telefonbuch heraus. Worüber könnten sich die zwei am Telefon unterhalten? Schreibe ein kurzes Gespräch auf, das die beiden führen.

8 Manchmal kommt es vor, dass du dich verwählst. Dann solltest du nicht einfach auflegen, sondern dich entschuldigen.
Welche Entschuldigung hältst du für angemessen?
Welche nicht? Warum?

(1) Oh, falsch verbunden.
(2) Wer ist da? Sind Sie nicht Herr ...?
(3) Oh, Entschuldigung. Ich habe mich verwählt.
(4) Hoppla, da hab ich wohl 'ne falsche Nummer!
(5) Wie bitte? Wer ist da? – Ich glaube, das ist falsch. – Ich wollte Frau ... sprechen.

Karten, Briefe und E-Mails schreiben

1. Sicher hast du schon oft an jemanden geschrieben. An wen? Zu welcher Gelegenheit? Wann hast du dich für eine Karte, wann für einen Brief entschieden? Warum?

2 a An wen hat Irene wohl geschrieben? Woher kommt ihr Brief? Was meinst du?

> Hallo, ihr Berliner, wie geht's? Mir und Martin geht's super. Am Sonnabend gleich nach dem Ankommen haben wir gegessen, waren baden und dann auf einem Dorffest. Am Sonntag sind wir zur Ablegestelle baden gefahren. Da waren wir bis 16.00 Uhr. Nach der Rückkehr haben wir gegrillt und waren bis etwa 21.00 Uhr in der Disko. Heute (Montag) wollen wir um 10.00 Uhr mit Leif angeln gehen.
> Bis bald! Hab Euch ganz doll lieb! Schreibt bitte!!!
> Tschüs! Irene

b Gefällt dir Irenes Brief? Könnte sie noch etwas verbessern? Begründe deine Meinung.

Was du beim Schreiben von Karten und Briefen beachten musst:
– Rechts oben stehen **Ort** und **Datum**.
– Auf der ersten Zeile links steht die **Anrede**. Sie wird durch Komma abgetrennt und sollte immer zur angesprochenen Person passen:
  Liebe ... / Lieber ... oder *Sehr geehrte Frau ... / Sehr geehrter Herr ...* .
– Die **Schreibung der Anredewörter** ist genau geregelt.
  • Freundschaftliche, familiäre Anredewörter für Menschen, die du persönlich kennst, schreibt man klein: *du, dir, dich, dein, ihr, euch, euer*.
  • Anredewörter für Personen, die du mit *Sie* ansprichst, schreibt man groß: *Sie, Ihnen, Ihr, Ihre, Ihres, Ihrer, Ihrem, Ihren*.
  S. 162: *Schreibung der Anredepronomen*.
– Am Schluss einer Karte / eines Briefes steht eine passende **Grußformel**:
  Mit freundlichen Grüßen / Mit liebem Gruß / Herzliche Grüße / Bis bald / Tschüs!

---

3 a Schau dir noch einmal Irenes Brief (Aufgabe 2 a) an. Hat sie alle Regeln eingehalten? Ihr Brief enthält einen Rechtschreibfehler. Findest du ihn?

Karten, Briefe und E-Mails schreiben   23

b Stell dir vor, Irene will diesen Brief an ihre Lehrerin oder Trainerin schreiben. Was müsste sie ändern? Schreibe den Brief neu. Denke dabei auch an die äußere Form eines Briefes.

4 Entwirf nun selbst einen kurzen Text für eine Karte, die du aus den Ferien nach Hause schreibst. Berichte etwas über dich und deine Unternehmungen. Du kannst den Text auch besonders gestalten.

> Papstdorf, 12.08.20..
>
> Liebe Frau ...,
>
> ich möchte Ihnen ...
>
> ...
>
> ...
>
> Herzliche Grüße
>
> Ihre Irene

5 Wenn du jemanden einladen möchtest, so kannst du das mündlich, aber auch in schriftlicher Form tun.

a Was hältst du von Karls Einladung?

> Hi Jakob!
> Haste Bock auf 'ne Party?
> Wenn ja, komm einfach am 4. mal rum!
> Also überleg's dir gut.
> Ich hoffe du kommst.
> Tschau! Karl

b Was müsste Karl verändern?

6 Wenn du dich für eine schriftliche Einladung entscheidest, solltest du diese persönlich gestalten, sodass die Empfänger merken, dass du dir Mühe gegeben hast.
Schreibe eine Einladung. Überlege dir vorher, wen du zu welchem Anlass einladen möchtest und wie du deine Einladung gestalten kannst. Vergiss nichts, was deine Gäste unbedingt wissen müssen, damit du nicht vergeblich auf sie wartest.

> Die **äußere Form** von Karten und Briefen, die du schreibst, sagt etwas über dich aus. Achte deshalb immer auf ein gut lesbares, sauberes Schriftbild. Wähle das Briefpapier oder die Karte sorgfältig aus.
> Auch wenn du Briefe / Karten mit Computer oder Schreibmaschine verfasst, musst du sie mit der Hand unterschreiben. Bei guten Freunden und Verwandten genügt der Vorname, sonst unterschreibt man mit Vor- und Familiennamen.

24 Miteinander sprechen – sich verständigen

7 Wenn du dich für eine Einladung in Form eines Briefes entscheidest, musst du die vollständige Adresse und den Absender auf den Briefumschlag schreiben.

a Schau dir das Muster genau an. Was bedeuten *D* und *A* vor den Postleitzahlen?

b Beschrifte nun selbst einen Umschlag.

```
Abs.: K. Becker
      Belmsdorfer Str. 2
      D-01877 Bischofswerda

                              Frau
                              Maria Gebhardt
                              An der Brücke 5
                              A-5505 Mühlbach
```

8 a Auch Glückwünsche kannst du schriftlich übermitteln. Für viele Anlässe gibt es Glückwunschkarten zu kaufen. Nenne solche Anlässe.

b Glückwunschkarten enthalten in der Regel Formulierungen, die man ergänzen muss. Wie würdest du die folgenden Glückwünsche zu Ende führen?

Alles Gute zum Geburtstag …
Ein frohes und gesundes neues Jahr …
Herzliche Grüße zum Osterfest …
Fröhliche Weihnachten …

9 Schreibe eine Glückwunschkarte, z. B. zum Geburtstag. Wähle eine schöne Karte aus oder bastele selbst eine.
Überlege dir vorher genau, was du schreiben willst. Schreibe zuerst einen Entwurf.

Damit du sicher sein kannst, dass alle deine Wünsche auf die Karte passen, skizziere ihre Umrisse auf ein leeres Blatt. Schreibe deinen Entwurf in die vorbereitete Skizze.
So kannst du ausprobieren, wie deine Glückwünsche auf der Karte aussehen.

10 Im Internet werden verschiedene Dienste angeboten. Dazu gehört auch das Versenden von E-Mails. Das sind elektronische Briefe und Karten. Dafür gibt es bestimmte Schreibregeln.
Tragt zusammen, was ihr darüber wisst. Was steht in einem E-Mail-Fenster?

11 Wenn ihr Lust habt, könnt ihr eine E-Mail an den Cornelsen Verlag schreiben und der Redaktion mitteilen, was euch an eurem neuen Sprachbuch gefällt und was ihr gern anders haben möchtet. Die Adresse lautet: c-mail@cornelsen.de

Erzählen

Ein Erlebnis erzählen

1

Versetz dich in die Rolle von Sabine. Erzähl von einem Film, der dir sehr gefallen hat.
Du kannst auch ein anderes Erlebnis auswählen, von dem du erzählen möchtest.

2 a Früher gab es den Beruf des Geschichtenerzählers. Heute sitzt man seltener zusammen,
um sich etwas zu erzählen. Welche Gründe mag es dafür geben?

b Trotzdem gibt es Situationen, in denen man anderen etwas erzählen möchte.
Kennst du solche Situationen?

3 a Ein altes Sprichwort lautet: Wenn einer eine Reise tut, dann kann er was erzählen.
Würdest du dem zustimmen?

b Auf einer Reise kann viel passieren, z. B.

(1) bei der Vorbereitung der Reise,
(2) auf der Fahrt zum Reiseziel,
(3) bei einer Unternehmung am Reiseziel,
(4) auf der Rückfahrt oder
(5) bei der Ankunft zu Hause.

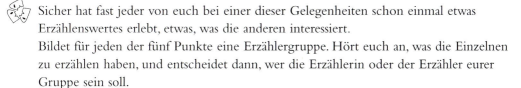 Sicher hat fast jeder von euch bei einer dieser Gelegenheiten schon einmal etwas
Erzählenswertes erlebt, etwas, was die anderen interessiert.
Bildet für jeden der fünf Punkte eine Erzählergruppe. Hört euch an, was die Einzelnen
zu erzählen haben, und entscheidet dann, wer die Erzählerin oder der Erzähler eurer
Gruppe sein soll.

c Hört euch mindestens eine Erzählung aus jeder Gruppe an.
Im Anschluss könnt ihr entscheiden, welche Erzählung euch am besten gefallen hat.
Vergesst dabei nicht, dass man seine Meinung immer begründen sollte.

> Wenn du anderen **ein Erlebnis erzählen** willst, möchtest du, dass man dir aufmerksam zuhört. Wie kannst du das erreichen?
> – Wähle ein Erlebnis aus, das für dich wichtig ist und das auch für deine Zuhörerinnen und Zuhörer interessant sein kann.
> – Stelle das Erlebnis in den Mittelpunkt deiner Erzählung. Verlier es nie aus den Augen.
> – Erzähle den Höhepunkt deines Erlebnisses ausführlich. Gestalte ihn anschaulich, indem du auf wichtige Tätigkeiten, Beobachtungen, Gedanken oder Gefühle eingehst. So kannst du Spannung erzeugen und deine Zuhörerinnen und Zuhörer können sich alles gut vorstellen.

4 Ihr könnt auch gemeinsam ein Erlebnis erzählen. Das kann so ablaufen:
1. Wählt ein Erlebnis, an dem ihr alle beteiligt wart.
2. Nun erzählt jeder nacheinander einen Teil der Geschichte, und zwar in der Reihenfolge, wie das Geschehen abgelaufen ist.
3. Zum Schluss sollte eine / einer von euch die vollständige Geschichte erzählen.

> Und auch diese Hinweise solltest du beim **mündlichen Erzählen** beachten:
> – Sprich ruhig und deutlich. Schau deine Zuhörerinnen und Zuhörer an und beobachte, wie sie deiner Erzählung folgen.
> – Setze auch Mimik und Gestik ein.

5 a S. 16–17: *Mimik und Gestik*. Lies dort noch einmal nach. Tauscht euch im Anschluss darüber aus, was ihr über Mimik und Gestik wisst.

b Stelle nun mithilfe von Mimik und Gestik Situationen dar, die Teil einer mündlichen Erlebniserzählung sein könnten, z. B.:

- wie du einen unangenehmen Geruch wahrgenommen hast,
- wie dir etwas besonders gut / schlecht geschmeckt hat,
- wie du dich als Fußballzuschauer über den Fehler eines Spielers geärgert hast,
- wie du ganz vorsichtig ein uraltes Gemäuer betreten hast,
- wie du einem Pferd Zucker gegeben hast.

Die anderen beurteilen, ob dein Gesichtsausdruck und deine Bewegungen aussagekräftig waren.
Sie können auch zeigen, wie sie es machen würden.

Ein Erlebnis erzählen | 27

6 Du kannst die Erzählung eines Erlebnisses auch dadurch veranschaulichen, dass du die Sprechweise von Personen nachahmst. Versuche das einmal.

- Ein ausländischer Tourist fragt dich nach dem Weg zum Bahnhof.
- Eine ärgerliche Kundin sagt dir, dass du dich hinten anstellen sollst.

> Wenn du ein Erlebnis erzählst, solltest du auch deine **Gefühle anschaulich darstellen**.
> Das kannst du auf unterschiedliche Weise tun. Du kannst die Gefühle benennen:
> *Ich freue mich sehr. – Ich war ganz aufgeregt. – Ich hatte ziemliche Angst.*
> Du kannst ein Gefühl aber auch anders zum Ausdruck bringen:
> – in einer Handlung (*Wir liefen eilig davon.*),
> – in einer Körperreaktion (*Ich wurde knallrot im Gesicht.*),
> – in Gedanken- und Sprachäußerungen (*Was mach ich jetzt bloß? – Lass das sein!*),
> – in Vergleichen (*Wie zwei Streithähne gingen sie aufeinander los.*).

7 a Welche Gefühle könnten mit den folgenden Sätzen zum Ausdruck gebracht werden?

(1) Er ging an der Haltestelle hin und her.
(2) „Das werden wir schon hinkriegen", sagte Chris.
(3) Als er sie anlächelte, lächelte sie zurück.
(4) Als er sie anlächelte, schaute sie weg.
(5) Was mag das bloß gewesen sein?

b Wodurch werden die folgenden Gefühle anschaulich dargestellt?

(1) Vor Angst zitterte Katrin am ganzen Leib wie Espenlaub.
(2) Tom kämpfte wie ein Löwe und gewann.

c Überlegt gemeinsam, auf welche unterschiedliche Weise man die folgenden Gefühle ausdrücken könnte. Stellt eure Ergebnisse in der Klasse vor.

- Angst haben
- sich freuen
- verzweifelt sein
- sich schämen
- unruhig sein
- sich wohl fühlen

> Du kannst ein **Erlebnis** auch **schriftlich erzählen**, z. B. in einem Brief, in einer Schülerzeitung oder auch in einem Geschichtenheft.
> Beim schriftlichen Erzählen kannst du Stimme, Mimik und Gestik natürlich nicht einsetzen. Alles, was du erzählen willst, musst du mit Worten sagen. Aber du kannst dir mehr Zeit nehmen und dir genau überlegen, *was* du *wie* sagen willst. Und du kannst deinen Text so lange bearbeiten, bis du damit zufrieden bist.
>
> S. 70–79: *Einen Text überarbeiten*.

8 a Lies einmal, was Kati über ein Ferienerlebnis geschrieben hat.

In den Sommerferien habe ich an einer Abenteuerreise an die Ostsee teilgenommen. Abends ging unsere Gruppe wandern. Wir gingen auf einem schmalen Steg, wo zu beiden Seiten Moor war. Als wir so gingen, kam ein Mann mit einer Kamera. Ich drehte mich zur Seite, wo der Mann war. Da rief der Mann: „Schaut nicht zu mir und geht immer weiter!" Auf einmal wäre ich beinahe ins Moor gefallen. Plötzlich sah ich vor mir ein Gespenst. Vor Angst lief ich los. Da sah ich meine Freundin. Schnell liefen wir weiter. Da kam uns aber auch ein Gespenst entgegen. Wieder rannten wir. Wir sahen ein Licht aufleuchten. Wir rannten auf dieses Licht zu und merkten, dass es ein Lagerfeuer war. Weil es eine kalte Nacht war, wärmten wir uns daran.

b Wie findest du Katis Geschichte? Kannst du dir gut vorstellen, was sie erlebt hat?

c Sicher hast du festgestellt, dass Kati sich an einigen Stellen nicht gut ausgedrückt hat. An welchen? Mach Verbesserungsvorschläge.

d Schreibe die Geschichte so auf, wie du sie erzählen würdest.

9 a Heiko hat eine abgerundete kleine Geschichte geschrieben. Wie hat er das geschafft?

Da war ich leichtsinnig

Es war in den Sommerferien, als mich meine Mutter mitnahm zu einem Besuch bei Bekannten im Elbsandsteingebirge. Ich war noch nie dort und mir gefielen am meisten die Felsen, die mich unheimlich zum Klettern reizten. Bei einem Spaziergang kehrten wir in einem Gasthaus ein. Mir war es dort zu langweilig. Deshalb machte ich mich heimlich auf den Weg zu einem Felsen, den ich vom Fenster aus gesehen hatte.

Das Klettern ging am Anfang ganz leicht, denn der Felsen hatte viele Vorsprünge, auf die man treten konnte. So stieg ich höher und höher. Dann aber kam ich an eine Stelle, an der es nicht mehr weiterging. Ich versuchte, seitwärts weiterzukommen, aber da ging es auch nicht. Also musste ich wieder runtersteigen. Das war leichter gedacht als getan. Mit den Händen hielt ich mich fest und mit den Füßen suchte ich einen Vorsprung, auf den ich treten konnte. Das Dumme war,

dass ich dabei nicht sehen konnte, wohin ich trat. Als ich abrutschte, bekam ich es mit der Angst zu tun. „Ich bin doch raufgekommen",
25 dachte ich bei mir, „da muss ich doch auch wieder runterkommen." So versuchte ich weiter, mich nach unten zu tasten. Ich erschrak furchtbar, als ich auf einen Vorsprung trat, der abbrach und nach unten polterte.
30 Krampfhaft hielt ich mich mit den Händen am Felsen fest und schaute ängstlich nach unten. Ich war noch über zehn Meter hoch! Wie sollte ich das schaffen? Als ich mit meinen Füßen keinen festen Halt finden
35 konnte, gab ich auf und rief laut um Hilfe. Niemand hörte mich. Glücklicherweise kamen aber nach einer Weile unten auf dem Weg drei Wanderer vorbei. Einer kletterte zu mir herauf und holte mich vorsichtig nach unten. Er schimpfte nicht, als wir unten 40 waren, sondern sagte nur: „Hoffentlich ist dir das eine Lehre. Wer im Klettern nicht geübt ist, sollte sich nicht allein nach oben wagen. Es ist leichter, auf einen Felsen hinaufzuklettern, als wieder herunterzukommen." 45 Auf dem Heimweg schlotterten mir noch immer die Knie und ich traute mich gar nicht, meiner Mutter von meiner Kletterpartie zu erzählen.

b Versucht gemeinsam, diese Fragen zu beantworten:

(1) Was hat Heiko in den Mittelpunkt gestellt? Wo liegt der Höhepunkt, die spannendste Stelle seiner Geschichte?
(2) Womit hat er seine Geschichte eingeleitet?
(3) Womit hat er seine Geschichte abgeschlossen?
(4) Wie hat Heiko seine Gedanken und Gefühle zum Ausdruck gebracht?

c Wie hat Heiko den Hauptteil seiner Geschichte gegliedert?
Ordne die folgenden Überschriften nach der Reihenfolge, in der Heiko erzählt.

- Erklettern eines Felsens
- Besuch im Gasthaus
- Spaziergang mit Bekannten
- Hilfe
- Angst
- Festsitzen in der Felswand

10 a Und nun bist du an der Reihe. Versuche ein Erlebnis so aufzuschreiben, dass eine abgerundete Geschichte entsteht. Überlege Folgendes, bevor du anfängst:

(1) Was soll im Mittelpunkt meiner Geschichte stehen?
(2) Wie könnte die Überschrift lauten?
(3) Womit kann ich die Geschichte einleiten?
(4) Welches ist der Höhepunkt meiner Geschichte?
    Welche Einzelheiten muss ich besonders ausmalen?
(5) Wie kann ich meine Geschichte abschließen?

b Schreibe zuerst einen Entwurf.
Überarbeite deinen Entwurf und schreibe den Text danach auf ein besonderes Blatt.
➔ S. 70–79: *Einen Text überarbeiten.*

c Ihr könnt eure Geschichten in der Klasse aushängen. Eine Jury kann die besten Ergebnisse auswählen. Sie sollten zum Abschluss in der Klasse vorgelesen werden.

Eine Geschichte nacherzählen

1 Manchmal wirst du aufgefordert, etwas nachzuerzählen, was du gehört, gesehen oder gelesen hast. Das ist keine ganz leichte Aufgabe. Aber man kann das üben.
Probiert einmal das folgende Spiel aus:
Schickt drei oder vier Schüler aus dem Klassenzimmer. Lest dem Ersten, den ihr wieder hereinruft, eine kurze Geschichte vor. Er soll sie dem Zweiten, der hereingerufen wird, nacherzählen usw.
Die anderen hören gut zu und beobachten, ob und – wenn ja – wie sich die Geschichte beim Nacherzählen verändert.

> Wenn du eine Geschichte **nacherzählen** willst, so musst du dir ihren Inhalt genau einprägen. Deshalb musst du **gut zuhören** oder einen Text **genau lesen**.

2 a Die folgende Geschichte ist eine Sage. Lies sie dir aufmerksam durch. Mach dir beim Lesen Stichpunkte zum Ablauf der Handlung.

Die Teufelsmühle bei Hetzendorf

Der Müller an der Flöha hatte mit dem Teufel einen Vertrag abgeschlossen. Er versprach seine Seele, wenn ihm der Teufel über Nacht eine steinerne Brücke über die Flöha baue. Beim ersten Hahnen-
5 schrei sollte der Bau vollendet sein.
Der Teufel fing in der Abenddämmerung an zu bauen und schon kurz nach Mitternacht ging die Brücke der Vollendung entgegen. Da befiel den Müller große Angst um seine Seele. Bitter bereute
10 er sein Versprechen.
Voller Unruhe überlegte er, wie er den Teufel überlisten könne. In seiner Seelenangst trieb es ihn in den Hühnerstall. Dort weckte er den Hahn, der selbst zu dieser ungewohnten Stunde sogleich aus
15 vollem Halse zu krähen begann.
Da merkte der Teufel, dass er betrogen worden war. Voller Zorn riss er sein Bauwerk wieder ein und verstreute die Steinbrocken in der Gegend.

b Erzähle die Sage nun nach. Du kannst deine Stichpunkte dabei benutzen. Hört euch mehrere Nacherzählungen an. Wer hat den Text am genauesten nacherzählt?

c Wie hast du die Sage verstanden? Tauscht eure Ansichten darüber aus.

3 Auch die folgende Sage eignet sich gut zum Nacherzählen.

a Lies sie zuerst still.

Das Hänsel aus der Umgebung von Stolpen

Bauern haben nicht nur in der Erntezeit viel auf dem Feld zu tun. In den meisten Fällen muss die Frau mit aufs Feld und helfen. Bevor es dann Mittag läutet, läuft
5 sie schnell nach Hause und kocht fix ein Mittagessen. Damit es rascher geht, gibt es meist etwas, was nicht so lange zu kochen braucht.

Aber bei einem Bauern gab es immer
10 auch dann etwas Gutes, wenn die Frau gar keine Zeit zum Kochen hatte. Sie blieb bis kurz vor dem Läuten auf dem Feld. Wenn dann der Bauer sagte: „Geh, Frau, mach, dass du nach Hause kommst,
15 damit wir was Richtiges in den Leib kriegen!", da sagte sie nur: „Ich krieg's schon fertig!"

Und richtig: Sie war manchmal kaum vom Felde gelaufen, aber wenn sich die
20 Leute nur kurze Zeit später an den Tisch setzten, da gab es Schweinsrippchen mit Sauerkraut und weißen Klößchen.

Zuerst dachte sich keiner was dabei. Als jedoch die Frau immer so spät heimging
25 und kein Rauch aus der Esse kam und auch kein Feuer zu erspähen war, da machte sich der Großknecht Gedanken. Am Gesindetisch sprach er laut, das könne nicht mit rechten Dingen zugehen.
30 Die Frau müsse hexen können.

Ein Knecht wollte der Sache auf den Grund gehen. Als wieder einmal die Frau so spät heimging, schlich er hinterher und spähte durch den Türspalt. Er sah, wie die Frau Schüsseln auf den Herd 35 stellte und dann einen Strick fasste, der über dem Herd hing. Dazu sagte sie:

„Gäke, Hänsel, gäke, Sauerkraut und Klöße, Schweinsknochen auch dazu! Bist mein liebes Hänsel du, gäke, Hänsel, 40 gäke!"

Darauf zog sie kräftig am Strick. Da kam in eine Schüssel Sauerkraut, in eine andere kamen Klöße und in eine dritte fielen Schweinsknochen. Dann ließ sie 45 den Strick los, machte einen Knicks und richtete den Mittagstisch.

Der Knecht strengte zwar seine Augen gewaltig an, aber das Hänsel konnte er nicht sehen. Als dann die anderen 50 hereinkamen, stand das schönste Essen dampfend auf dem Tisch. Sie machten sich hungrig darüber her; nur der Knecht, der alles gesehen hatte, konnte keinen Bissen essen. Er schnürte bald 55 sein Bündel. […]

b Eine / Einer von euch liest die Sage nun ausdrucksvoll vor.
Die anderen hören gut zu und machen sich Stichpunkte zur Handlung und zu dem, was die einzelnen Personen sagen.

c Erzähle die Sage nach. Halte dich dabei so genau wie möglich an den Text.
Benutze deine Stichpunkte dabei.

Erzählen

4 Besonders gern werden Witze erzählt oder nacherzählt. Aber Vorsicht! Es ist gar nicht so leicht, einen Witz zu erzählen.
Witze sollten kurz sein und zielstrebig auf den Überraschungseffekt (die Pointe) hin erzählt werden. Wenn du erreichen willst, dass deine Zuhörer wirklich lachen müssen, muss jedes Wort sitzen.

a Lies die folgenden Witze leise.

Tim kommt mit einem Riesenverband um den Kopf in die Schule. „Mensch, Tim, was ist dir denn passiert?" „Mich hat eine Mücke gestochen." „Aber da braucht man doch keinen Verband!" „Wegen des Mückenstichs nicht, aber mein Bruder hat die Mücke mit der Schaufel erschlagen!"

Zwei Freunde treffen sich. Der eine sagt: „Stell dir vor, Lehmann behauptet, du und ich, wir sehen uns ähnlich." Darauf der andere: „Das hat Lehmann wirklich behauptet? Der kann was erleben. Wenn ich den sehe, knall ich ihm eine!" „Reg dich nicht auf, das hab ich schon besorgt!"

Zwei Hunde treffen sich.
Bellt der eine: „Wau."
Der andere: „Kikeriki."
Fragt der Erste: „Was ist denn mit dir los?"
„Ja", sagt der andere, „heutzutage muss man Fremdsprachen können!"

Lehrerin: „Wenn du deinem Vater dein Zeugnis zeigst, wird er graue Haare kriegen."
Kai: „Da wird er sich aber freuen, er hat nämlich 'ne Glatze!"

b Worüber wird hier gelacht? Über Unmögliches? Über Überraschendes? Über ein Missverständnis? Über …?
Tauscht eure Meinungen dazu aus. Überlegt dabei auch, worüber man keine Witze machen sollte.

c Such dir den Witz aus, der dir am besten gefällt, und erzähle ihn nach.

Was du beim Witzeerzählen beachten solltest

1. Prüfe, ob in dem Witz Figuren auftreten, die sich durch Aussprache, Mimik und Gestik gut darstellen lassen.
2. Überlege, ob es bestimmte Wörter gibt, die du besonders betonen musst.
3. Probiere zunächst für dich allein aus, wie du die Pointe am besten zur Geltung bringen kannst.

Eine Geschichte erfinden

1 Jetzt könnt ihr euch selbst Geschichten ausdenken. Dazu braucht ihr zuerst einmal eine Idee. Die kann z. B. von einem Bild ausgehen.

a Sieh dir die beiden Fotos genau an. Was könnte hier passiert sein? Sammle deine Gedanken in einem Brainstorming. Tauscht eure Meinungen darüber aus.

> **Brainstorming** (engl. *brain* – Gehirn, engl. *storm* – Sturm) ist eine Methode zur Ideenfindung. Ausgehend von einem Bild, einem Begriff, einer Fragestellung oder einem Problem werden spontan und möglichst schnell damit verbundene Gedanken, Gefühle oder Erlebnisse geäußert und notiert.

b Markiere die Wörter, mit deren Hilfe du eine Geschichte erzählen möchtest.

c Versuche zu einem der Fotos mithilfe dieser Wörter eine Geschichte zu erfinden. Du solltest das Geschehen ruhig ein wenig ausmalen.

> Um eine Idee für eine Geschichte zu finden, kannst du es auch mit **Reizwörtern** versuchen. Das sind Wörter, die bestimmte Vorstellungen in dir wecken, sodass dir weitere Wörter einfallen. So entsteht eine **Wortkette**, z. B.:
>
> *Nacht – Heimweg – Notlage – Telefonzelle – Zerstörung.*

Erzählen

2 a Welche anderen Wörter fallen dir zu den Reizwörtern *Straßenverkehr, Raumschiff, Urwald* ein? Bilde Wortketten.

b Arbeitet in Gruppen. Einigt euch in der Gruppe auf eine Wortkette als Grundlage für eine Geschichte. Überlegt euch dann, wie die Geschichte verlaufen könnte. Notiert sie in Stichpunkten. Die Sprecherin / Der Sprecher stellt das Ergebnis der Gruppe vor.

3 Richard hat eine Geschichte zu der Reizwortkette *Nacht – Geräusch – Angst* entworfen. Richards Tischnachbarin Ramona hat die Geschichte gelesen und einige Fragen an den Rand geschrieben.

Eines Nachts lag der kleine Tommy gerade im Bett.	Wo sonst?
Plötzlich schreckte er auf. Was war das für ein unheimliches Geräusch?	War das Geräusch so laut? Klang es wirklich unheimlich?
Er bekam Angst.	Was dachte er?
Langsam stieg er aus dem Bett und schlich sich vorsichtig ins Bad.	Tut man das gleich, wenn man Angst hat? Warum gerade dorthin?
Da stellte er fest, dass der Wasserhahn tropfte.	Gibt das ein lautes und unheimliches Geräusch?
Er drehte den Wasserhahn zu und ging wieder ins Bett.	War er nicht froh, die Ursache für das Geräusch gefunden zu haben?

Überarbeite Richards Entwurf. Mach mithilfe von Ramonas Fragen eine anschauliche, abgerundete Geschichte daraus.

Dem **Erfinden von Geschichten** sind keine Grenzen gesetzt. Beim Erzählen musst du dich aber an bestimmte **Regeln** halten, damit deine Zuhörer oder Leser dem Geschehen gut folgen können.

Wichtig ist die **Einleitung** der Geschichte. Das ist der **Anfang**, die **Ausgangssituation**. Hier stellst du die Figuren vor, die in deiner Geschichte eine Rolle spielen sollen, und versetzt sie in eine Situation, aus der sich das weitere Geschehen entwickeln kann. Du beantwortest die *W*-Fragen *Wer?*, *Wo?*, *Wann?*

Im **Hauptteil** stellst du dieses Geschehen ausführlich und anschaulich dar und führst es zum Höhepunkt.

Zum **Schluss** solltest du dir überlegen, wie du deine Geschichte am besten abrundest.

4 a Lies die folgenden Geschichtenanfänge. Welche Erwartungen wecken sie in dir?

(1) Als Ines und Mario bei ihrem Onkel in Mecklenburg zu Besuch waren, wollten sie unbedingt einmal in einem Zelt hinter dem Haus auf einer Wiese übernachten. „Gut", stimmte der Onkel am Ende zu, „aber kommt mir nicht in der Nacht damit an, dass ihr Angst habt!"

(2) Gustav Tüftel macht seinem Namen alle Ehre. Wenn er Zeit hat, geht er in den Keller, in dem er allerhand Gerätschaften zusammengetragen hat, an denen er herumbastelt. So hat er bereits einen Tropfenfänger für die Nase und einen Schuh mit Sprungfedern unter der Sohle erfunden. Schon eilt er wieder in den Keller, denn gerade ist ihm ein neuer Gedanke gekommen.

(3) Mareike stöbert bei ihrer Oma auf dem Boden gern in alten Kisten. Dabei kramt sie vergilbte Fotos hervor, zieht alte Kleider an oder setzt sich verbeulte Hüte auf. Einmal stieß sie beim Stöbern in der Bodenkammer auf eine wurmstichige Truhe. Als sie den Deckel öffnete, entdeckte sie etwas Merkwürdiges.

(4) Ich hatte unruhig geschlafen und irgendetwas vom Fliegen geträumt. Als ich aufwachte, erschrak ich, denn ich lag nicht in meinem Bett und auch nicht in meinem Zimmer. Wo war ich nur? Ich rieb mir die Augen. Um mich herum sah alles so anders aus. Es schien mir, als wäre ich in einem fremden Land.

b Vielleicht habt ihr Lust zu überlegen, wie die einzelnen Geschichten weitergehen könnten. Verlost die Anfänge untereinander und schreibt die Geschichten weiter.

> Der **Anfang einer Geschichte** ist wichtig, um die Zuhörer oder Leser für die Geschichte zu interessieren.
> Du kannst Spannung erzeugen, wenn du am Anfang auf wichtige Umstände des Geschehens näher eingehst. Dazu können neben den Figuren und der Situation, in der sie sich befinden, auch gehören:
> der Ort des Geschehens, die Tageszeit, das Wetter oder auch Gegenstände, die in der Geschichte eine Rolle spielen.

5 Carsten hat sich für seine kleine Schwester eine märchenhafte Geschichte ausgedacht.

a Zur Vorbereitung darauf hat er eine Stoffsammlung angelegt. Schaut sie euch genau an und besprecht in der Klasse, wie sie aufgebaut ist.

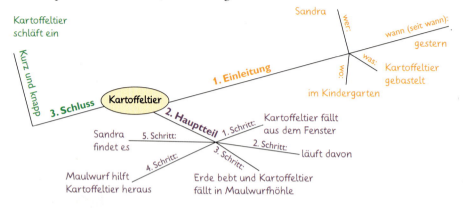

> Um deinen Gedanken und Ideen eine übersichtliche Struktur zu geben, kannst du auch eine **Mindmap**, eine so genannte **Gedankenlandkarte**, erstellen. Diese eignet sich besonders, wenn du eine **Stoffsammlung** für deine Geschichte erarbeitest.
>
> S. 146: *Mindmap*.

b Lies die Geschichte und nenne Einleitung, Hauptteil und Schluss.

Sandra hat ein Kartoffeltier gebastelt. Sie lässt es auf dem Fensterbrett stehen.
Bei einem Windstoß fällt das Kartoffeltier aus dem Fenster. Als es unten ankommt, ist es ganz benommen. Aber nachdem es sich erholt hat, läuft es einfach davon. Nach einer Weile kommt es an einen Fluss. Es macht eine Pause. Plötzlich beginnt die Erde zu beben und gibt unter ihm nach.

Das Kartoffeltier fällt einen Meter tief. Als es sich aufgerappelt hat, sieht es in die Augen eines Maulwurfs. „Hilfe, ich will hier raus!", ruft es. „Keine Angst", sagt der Maulwurf, „ich helfe dir. Bleib dicht hinter mir, ich werde einen Gang zu dir nach Hause graben." Und er beginnt zu graben. Es dauert nicht lange und er ist an der Oberfläche angelangt.
„Tschüs!", sagt der Maulwurf zum Kartoffeltier und verschwindet wieder in der Erde. Nach wenigen Minuten kommt Sandra. „Du kleines schussliges Ding", sagt sie und nimmt das Kartoffeltier mit ins Haus. Dort setzt sie es in ein Regal.
„Puh, das ist noch einmal gut gegangen", sagt das Kartoffeltier und schläft ein.

c Finde eine passende Überschrift.

Eine Geschichte erfinden

6 a Carstens Geschichte (Aufgabe 5 b auf S. 36) wirkt durch die wörtliche Rede lebendig. Sucht einige Beispiele dafür aus seinem Text heraus.

b Gestaltet nun selbst kurze Gespräche zu folgenden Situationen:
- Aus Unvorsichtigkeit fährst du mit deinem Fahrrad eine Frau an, die vom Einkaufen kommt. Welches Gespräch ergibt sich daraus?
- Zwei Jungen schleichen sich in den Garten des Nachbarn. Was flüstern sie sich zu?
- Mit den Worten „Du traust dich ja doch nicht!" will Anton seinen Kumpel zu einem Diebstahl herausfordern. Was für ein Gespräch könnte sich daraus entwickeln?

> Die **wörtliche Rede** verleiht deiner Geschichte Lebendigkeit. Um die Erzählung anschaulich zu gestalten, bemühe dich auch um **treffende Verben** und **Adjektive** sowie um **passende Vergleiche**. Verwende verschiedene Satzanfänge: *plötzlich, jetzt, auf einmal, später, schließlich, …* Deine Erzählung wird dadurch abwechslungsreich.

7 Versucht nun einmal, es Carsten (Aufgabe 5) nachzumachen. Denkt euch eine märchenhafte oder fantastische Geschichte aus. Es kann aber auch eine Alltagsgeschichte sein. Ihr könntet auch einen der Geschichtenanfänge aus Aufgabe 4 auf S. 35 fortsetzen. Legt zuerst eine Stoffsammlung an.

Wie ihr beim Geschichtenerfinden vorgehen könnt

1. Sammelt Themenvorschläge und sprecht darüber.

2. Wenn ihr euch auf ein Thema geeinigt habt, überlegt gemeinsam:
   - Wie könnte die Ausgangssituation aussehen? Was gehört dort hinein?
   - Wodurch kann das Geschehen ausgelöst werden?
   - Wie könnte das Geschehen verlaufen?
   - Welches ist der Höhepunkt unserer Geschichte?
   - Welche Teile müssen besonders ausgemalt werden? Mit welchen Mitteln?
   - Wie könnte unsere Geschichte enden?

   S. 70–79: *Einen Text überarbeiten.* (für Punkt 3 und 4)

3. Erarbeitet Entwürfe für die einzelnen Teile eurer Geschichte und sprecht darüber. Einigt euch auf eine Fassung.

4. Fügt die Teile eurer Geschichte zusammen. Prüft, ob alles gut zusammenpasst.

5. Überlegt, wie ihr eure Geschichten in der Klasse vorstellen könnt.

Wir schreiben ein Geschichtenbuch

Vielleicht habt ihr ja Lust, ein Büchlein mit eigenen Geschichten zusammenzustellen, zu dem jede/jeder von euch etwas beiträgt. Wenn euch die Idee gefällt, lest auf S. 8 noch einmal nach, welche Teilschritte dort für Projektarbeit vorgeschlagen werden.

Bei diesem Projekt könntet ihr so vorgehen:

1. **Projektidee** und **Ziel** der Arbeit werden gemeinsam **beraten**.

   Folgende Fragen solltet ihr euch z. B. stellen:

   (1) Für wen schreiben wir unser Buch?
   (2) Soll unser Buch nur ein Thema haben oder für verschiedene Themen offen sein?
   (3) Wie soll unser Buch gestaltet werden?
   (4) Wie gestalten wir das Titelblatt?
   (5) Wie können wir unser Buch vervielfältigen?
   (6) Wie kann es zusammengeheftet oder eingebunden werden?

   Überlegt, ob es noch andere Fragen gibt, die ihr vorab klären müsst.

2. Das **Projekt** wird **geplant** und **durchgeführt**.

   Bildet Gruppen und verteilt die Aufgaben so, dass jeder nach seinen Fähigkeiten etwas zum Gelingen des Projekts beitragen kann.

Wer?	Was?	Bis wann?
Grit/Kai	Entwurf für Titelblatt Fotos und Zeichnungen Vervielfältigung	15. April
....	....	....

Projekt: Wir schreiben ein Geschichtenbuch

Folgende Teilschritte solltet ihr gehen:

1. Stellt die Textbeiträge in der Gruppe vor. Die Gruppe entscheidet über die Aufnahme in das Büchlein und schlägt eventuelle Änderungen vor.

2. Bestimmt je Gruppe eine Vertreterin / einen Vertreter, die alle zusammen die „Redaktion" bilden. Diese sieht die fertigen Beiträge der einzelnen Gruppen durch, nimmt notwendige Verbesserungen vor und kontrolliert die Rechtschreibung.

→ S. 70–79: *Einen Text überarbeiten.*

3. Danach entscheidet die Redaktion darüber, in welcher Reihenfolge die Geschichten in dem Büchlein stehen sollen und welche Illustrationen aufgenommen werden.

4. Zum Schluss sind diejenigen an der Reihe, die das Vervielfältigen und Binden übernommen haben.

3. Das **Projekt** wird **ausgewertet**.

Zum Abschluss solltet ihr euch darüber verständigen, wie das Projekt gelaufen ist. Diese und andere Fragen könnt ihr euch stellen:

(1) Was ist gut gelaufen? Was nicht?
(2) War die Gruppeneinteilung in Ordnung?
(3) Hat jede / jeder die Aufgabe bekommen, die sie / er bewältigen konnte?
(4) Haben sich alle an die vereinbarten Regeln gehalten?

Nur wenn ihr offen und ehrlich über alles sprecht, könnt ihr es beim nächsten Mal noch besser machen.

Beschreiben

1 a Sicher kennt ihr eine Reihe von Spielen, bei denen jemand mit Worten oder mithilfe von Gestik und Mimik etwas beschreibt oder vorführt, was die Mitspielerinnen und Mitspieler erraten sollen, z. B. das Teekesselraten.
Lasst eine / einen von euch die Spielregel erklären und spielt das Spiel dann gemeinsam.

b Eine Expertengruppe beobachtet das Spiel. Sie soll herausfinden, wann Dinge schnell, wann weniger schnell erraten werden.

2 Aber nicht nur im Spiel muss man manchmal Dinge oder Tätigkeiten beschreiben, sondern auch in bestimmten Alltagssituationen.
Erinnerst du dich an eine Situation, in der dich jemand aufgefordert hat, etwas zu beschreiben? Bei welcher Gelegenheit war das?

Einen Vorgang beschreiben

3 In Kochrezepten wird genau beschrieben, aus welchen Teilvorgängen sich die Zubereitung einer bestimmten Speise zusammensetzt und in welcher Reihenfolge diese durchgeführt werden müssen.

a Gewiss kommst du schnell darauf, was hier hergestellt wird, obwohl die Reihenfolge durcheinander geraten ist.

- Herdplatte stark erhitzen
- erst wenn es aufgehört hat zu knallen, Topf wieder öffnen
- Topf sofort mit einem Deckel fest verschließen
- entstandene Leckerei mit Salz oder Puderzucker bestreuen

- so viel Mais in den Topf geben, dass er von dem Öl bedeckt ist
- wenn es anfängt zu knallen, Temperatur herunterschalten
- in einem hohen Topf den Boden mit Öl bedecken (etwa 0,5 cm)

Einen Vorgang beschreiben

b Nenne die Teilvorgänge in der richtigen Reihenfolge.

c Gib nun mündlich eine zusammenhängende Beschreibung des Vorgangs.

d Welche Vorinformation müsstest du jemandem geben, der Popcorn herstellen möchte, der aber nicht weiß, was er dazu alles braucht?

4 a Sicher hast du ein Lieblingsessen. Falls du es nicht schon weißt, erkundige dich, wie es zubereitet wird.
Beschreibe seine Zubereitung, indem du dir wie in Aufgabe 3 zuerst die Teilvorgänge notierst und dann einen zusammenhängenden Text schreibst.

b Lest einige eurer Kochrezepte in der Klasse vor, ohne die Namen der Speisen zu nennen. Die anderen sollen erraten, welche Speise jeweils gemeint ist.

c Vervollständige das Rezept für deine Lieblingsspeise, indem du am Anfang notierst, was man dafür alles braucht und was man tun muss, um den Koch-, Brat- oder Backvorgang so vorzubereiten, dass nichts schief gehen kann.

> Es gibt eine ganze Reihe von **Vorgangsbeschreibungen**, die für dich im Alltag wichtig sein können, z. B. Wegbeschreibungen, Spiel- oder Bastelanleitungen, Gebrauchsanweisungen, Rezepte. Allen darin beschriebenen Vorgängen ist gemeinsam, dass sie in einer bestimmten **Reihenfolge von Teilschritten** ablaufen. An diese Reihenfolge musst du dich halten, wenn du einen Vorgang beschreiben willst.

5 „Stadt, Land, Fluss, …" ist ein beliebtes Spiel, das du sicher kennst.

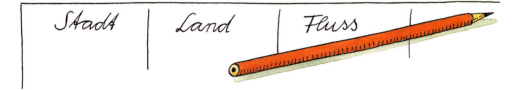

Am Anfang der Anleitung zu diesem Spiel werden die Teilnehmer darüber informiert, was sie dazu brauchen und was sie tun müssen, um das Spiel vorzubereiten:

„An diesem Spiel können sich beliebig viele Personen beteiligen. Jeder Spieler benötigt einen Zettel und einen Bleistift. Der Zettel wird in drei Spalten aufgeteilt, die mit den Überschriften *Stadt, Land* und *Fluss* versehen werden. Wenn man will, kann man noch zusätzliche Spalten einrichten, z. B. für *Fußball-* oder *Fernsehstar, Tier, Pflanze* usw."

Setze die Spielanleitung fort, indem du das Vorgehen beim Spielen beschreibst. Achte dabei darauf, dass du die Reihenfolge der verschiedenen Teilschritte einhältst.

Beschreiben

> Wenn du Handlungs- oder Arbeitsanleitungen (Spielregeln, Rezepte usw.) beschreibst, kannst du die persönliche oder die unpersönliche Ausdrucksweise verwenden.
>
> **Persönliche Ausdrucksweise:**
>
> *Zuerst wähle ich einen Mitspieler ...*
> *Zuerst wählst du einen Mitspieler ...*
> *Wähle zuerst einen Mitspieler ...*
>
> **Unpersönliche Ausdrucksweise:**
>
> *Zuerst wählt man einen Mitspieler ...*
> *Zuerst wird ein Mitspieler gewählt ...*
> *Zuerst einen Mitspieler wählen ...*
>
> Ob du die persönliche oder die unpersönliche Ausdrucksweise verwendest, hängt davon ab, **für wen** du die Beschreibung verfasst.

6 Welche Ausdrucksweise (die persönliche oder die unpersönliche) würdest du wählen, wenn du beschreiben willst, wie ein bestimmtes Computerspiel funktioniert:

– mündlich für eine Freundin / einen Freund,
– schriftlich in einem Brief an eine Freundin / einen Freund,
– schriftlich für die Schülerzeitung deiner Schule,
– schriftlich für eine Computerzeitschrift?

Begründe deine Entscheidungen.

7 Segelflugmodelle bekommst du heute in fertigen Bausätzen zu kaufen. Diesen Bausätzen liegt eine Bauanleitung bei, an die du dich genau halten musst, wenn dein Modell gut fliegen soll.

In der Beschreibung erfährst du auch, was du beim Einfliegen des Modells beachten musst. Hier das Beispiel einer Anleitung für Kinder und Jugendliche:

Einfliegen eines Segelflugmodells

Nach dem Zusammenbau kommt der große Augenblick der ersten Flugversuche. Dabei stellst du fest, ob dein Flugzeug richtig ausgewogen ist. Du nimmst das Modell in die Hand und fasst es unter dem Schwerpunkt. Der Schwerpunkt liegt dort, wo das Modell in deiner Hand weder nach vorn noch nach hinten kippt. Jetzt läufst du im Laufschritt gegen den Wind. Dabei spürst du, dass das Modell immer leichter wird. Du neigst das Flugzeug etwas nach unten und lässt es los. Es ist ein wenig schwierig, das Flugzeug genau in dem Moment freizugeben, wenn es seine Gleitgeschwindigkeit erreicht hat. Wenn es in einem sanften Bogen zur Erde fliegt, ist das Modell richtig ausgewogen. Kippt es sofort ab und stürzt auf die Erde, hast du entweder zu früh losgelassen oder das Modell hat sich etwas verzogen. Schau dann noch mal in der Bauanleitung nach, was du in diesem Fall korrigieren musst.

Einen Vorgang beschreiben | 43

a Diese Beschreibung ist in persönlicher Ausdrucksweise abgefasst worden.
   Stell dir vor, die gleiche Beschreibung sollte in einer Zeitschrift für Modellbau stehen.
   Formuliere sie dementsprechend um, indem du die unpersönliche Ausdrucksweise wählst.

b Sicher hast du gemerkt, dass du beim Umformen nicht alle Sätze zu verändern brauchtest. Lies die Sätze vor, die du nicht verändert hast.

c Überlegt gemeinsam, welche Funktion diese Sätze haben. Was leisten sie für die Beschreibung?

> Damit deine Vorgangsbeschreibung verständlich wird, ist es manchmal auch nötig, einzelne **Teilschritte** zu **erklären** oder zu **begründen**.

8 Peter hat zum Geburtstag Großvaters alten Fotoapparat geschenkt bekommen.
   Seine ältere Schwester Marina erklärt ihm, wie er einen Film einlegen muss:

Zuerst öffnest du die Rückwand der Kamera. Links liegt die Halterung für die Filmpatronen. Dann legst du die Filmpatrone ein. Dann ziehst du aus der Patrone ein Stück Film heraus und legst es über die Zahnräder für den Filmtransport. Die Zahnräder müssen in die Löcher am Rand des Films greifen können, damit der Film transportiert werden kann. Danach befestigst du das Ende des Films auf der Abspulrolle. Dann schließt du die Rückwand der Kamera wieder. Danach drehst du den Knopf für den Filmtransport bis zum Anschlag, um den Auslöser zu spannen. Dann drückst du auf den Auslöser. Dieses erste Bild ist noch nicht zu gebrauchen. Dann spulst du noch einmal auf. Die Kamera ist jetzt aufnahmebereit.

a Welche Teilschritte beim Einlegen eines Films beschreibt Marina?

b Suche die Teilvorgänge heraus, die Marina erklärt oder begründet hat.

c Lies den Text nun einmal ohne Marinas Erklärungen und Begründungen vor.
   Was stellst du fest?

d Wenn du dir Marinas Beschreibung etwas genauer ansiehst, wirst du feststellen, dass sie ziemlich einförmig wirkt. Woran liegt das? Wie könnte man das ändern?

44 Beschreiben

> Wenn du in einer Beschreibung die einzelnen **Teilvorgänge** nur hintereinander aufzählst, kann das zu sehr einförmigen Satzanschlüssen mit *dann* oder *danach* führen. Du solltest dich deshalb bemühen, die einzelnen Vorgänge **abwechslungsreich** miteinander zu **verknüpfen**. Verwende dafür Wörter wie *anschließend, jetzt, nun, daraufhin, gleichzeitig, nach einer Weile.*
>
> Auch durch die Angabe räumlicher Beziehungen (*hier, an dieser Stelle* u. a.) und durch Erklärungen und Begründungen kannst du einförmige Satzanschlüsse vermeiden.

e Formuliere Marinas Beschreibung neu. Verändere einige der Satzanfänge, sodass die Teilvorgänge abwechslungsreicher miteinander verknüpft werden.

➔ S. 105–108: *Bau des zusammengesetzten Satzes.*

9 Lies die folgende Beschreibung des Spiels „Turmball".
Könntest du das Spiel danach spielen?

Turmball

Zwei Mannschaften stehen sich gegenüber.
In der Mitte ist ein Kasten mit einem
Medizinball. Jede Mannschaft erhält nun
kleine Bälle und versucht, damit den
Medizinball vom Kasten zu werfen. Fällt der
Medizinball herunter in ein Feld, bekommt
die gegnerische Mannschaft einen Punkt.

a Was bleibt unklar?

b Beschreibe das Spiel nun so, dass jeder, der die Regeln nicht kennt, es danach spielen könnte.

10 Beschreibe einen Vorgang aus dem Bereich deiner Freizeitbeschäftigung schriftlich.
Achte dabei auf abwechslungsreiche Verknüpfungen der einzelnen Teilvorgänge.
Denk auch daran, dass du einzelne Teilschritte eventuell erklären oder begründen musst,
damit deine Beschreibung verständlich wird.

Ein Lebewesen beschreiben

> **Wie du deine Beschreibung überprüfen kannst**
>
> 1. Habe ich den Vorgang so beschrieben, dass die Zuhörer oder Leser ihn verstehen und nachvollziehen können?
> 2. Habe ich alle wichtigen Teilvorgänge beschrieben?
> 3. Habe ich die richtige Reihenfolge der Teilvorgänge eingehalten?
> 4. Habe ich – wenn es erforderlich ist – einzelne Teilvorgänge erklärt oder begründet?
> 5. Habe ich notwendige Wörter aus dem Fachgebiet verwendet?
> 6. Habe ich anschaulich und abwechslungsreich formuliert?

Ein Lebewesen beschreiben

1 a In der folgenden Beschreibung geht es um den Stieglitz. Nach diesen allgemeinen Merkmalen werden Vögel beschrieben:

- Aussehen
- Nistplatz
- Brutpflege
- Lebensraum
- Nestbau
- Standorttreue
- Nahrung
- Gelege

Klärt gemeinsam, was die einzelnen Merkmale bedeuten.

b Schreibe die Merkmale untereinander in dein Heft. Lies die Beschreibung und notiere hinter jedem Merkmal, was du aus dem Text darüber erfährst.
Mach einen Strich, wenn du zu einem Merkmal keine Angaben findest.
Vergleicht eure Ergebnisse anschließend miteinander.

Der Stieglitz

Der Stieglitz ist so groß wie ein Sperling. Sein Gefieder ist auffällig bunt. Der Kopf ist rot, weiß und schwarz, die Flügel sind gelb und schwarz gefärbt. Mit Vorliebe nistet er in Obstbäumen. Das kunstvolle Nest wird gut versteckt in dicht belaubte Äste gebaut. Es besteht aus Halmen, feinen Wurzeln und Moos. Das Weibchen brütet die fünf bis sechs Eier allein aus. In dieser Zeit wird es vom Männchen mit Nahrung versorgt. Die Jungen werden mit vorverdautem Nahrungsbrei gefüttert. An Bahndämmen, Straßen- und Feldrändern kann man manchmal Stieglitze beobachten, wie sie aus den Fruchtständen von Disteln, Löwenzahn und anderen Wildkräutern die Samen herauspicken. In sehr kalten Wintern zieht ein Teil der Stieglitze nach Südeuropa.

c Diese Beschreibung ist ein gelungenes Beispiel. Das erkennst du auch an der sprachlichen Gestaltung.
Suche Adjektive und Verben heraus, die verwendet wurden, um die Merkmale des Stieglitzes genau zu kennzeichnen.

| 46 | Beschreiben |

> Im Biologieunterricht lernst du viel über Tiere, über ihr Aussehen, ihr Verhalten und ihre Lebensweise. Alles wird genau beschrieben.
> Auf diese Weise wirst du mit den **allgemeinen Merkmalen** von Tierarten vertraut gemacht. Diese treffen jeweils auf alle Tiere einer bestimmten Art zu.

2 a Vergleiche die beiden folgenden Beschreibungen miteinander. Wodurch unterscheiden sie sich?

➔ S. 45, Aufgabe 1a: *Merkmale der Vögel*.

Pinguine

Pinguine sind Vögel, die nicht fliegen können. Sie sehen aus, als ob sie mit einem Frack und einem Hemd bekleidet wären. Diese Tiere können bis 120 cm groß werden und leben im Süden unserer Erdkugel. In unseren Breiten sind die Tiere nur in Zoos und Tiergärten zu sehen. Mit ihren Beinchen können sie nur watscheln und kommen deshalb nur zum Brüten an Land. Das geschieht in Kolonien. Die Flügel sind klein. Zum Schwimmen sind sie gut geeignet. Auch tauchen können Pinguine gut. Sie können viele Stunden hintereinander im kalten Wasser schwimmen.

Pinguine – eine seltsame Vogelart

Pinguine gehören zu den Meeresvögeln. Sie können bis 1,2 m groß werden. Es sind aufrecht gehende, flugunfähige Tiere, die sich dem Wasserleben angepasst haben. Diese seltsamen Tiere, die wir bei uns nur in Tiergärten bewundern können, leben in den Meeren der südlichen Erdhalbkugel, der Antarktis. Sie ernähren sich von Fischen und von Krebstieren. Die Beine am Ende des spindelförmigen Körpers sind so kurz, dass Pinguine Schwierigkeiten beim Gehen und Laufen haben. Deshalb kommen sie auch nur zum Brüten aufs Land und bilden dann Brutkolonien. Die Flügel der Pinguine haben sich zu Flossen umgebildet und dienen ihnen so beim Schwimmen und Tauchen als Ruder. Die kurzen schwarzen und weißen Federn liegen wie Schuppen am Körper. Eine dicke Fettschicht unter der Haut schützt diese Tiere im eiskalten Wasser vor Unterkühlung. Als sehr gute Schwimmer und geschickte Taucher können Pinguine auf der Suche nach Nahrung viele Kilometer ohne Unterbrechung zurücklegen.

Ein Lebewesen beschreiben | 47

> Mithilfe **treffender Verben** und **Adjektive** und ihrer näheren Kennzeichnungen kannst du Tiere genau beschreiben, z. B.:
>
> *Vögel, die <u>nicht fliegen können</u>* oder
> *Pinguine sind <u>aufrecht gehende, flugunfähige</u> Tiere.*
>
> Die Leser deiner Beschreibung erhalten dadurch genauere Informationen über die allgemeinen Merkmale der Tierart.

b Versucht nun gemeinsam herauszufinden, welche Verben und Adjektive in den beiden Beschreibungen der Pinguine verwendet wurden.
Nennt sie zusammen mit ihren näheren Kennzeichnungen.

3 Setze die folgenden Adjektive in die darunter stehende Beschreibung ein.

buschig, flink, frisch, kugelig, rotbraun, scharf, ungünstig

Das Eichhörnchen

(1) Das Eichhörnchen ist etwas über 20 cm groß. (2) Man erkennt es leicht an seinem … Fell und an seinem langen … Schwanz. (3) Wir können beobachten, wie es … an Bäumen hochklettert und von Ast zu Ast springt. (4) Manchmal sehen wir, wie es auf seinen Hinterbeinen sitzt und mit seinen … Zähnen an einer Nuss nagt, die es mit den Vorderpfoten festhält.

(5) Das Eichhörnchen ist ein Nagetier. (6) Es ernährt sich von Samen und Früchten der Laub- und Nadelbäume, von Knospen und … Trieben. (7) Aber manchmal frisst es auch Eier und Jungvögel.
(8) Bei … Witterung hält es sich in seinem … Nest auf, das man Kobel nennt. (9) Dort bringt es auch seine Jungen zur Welt.

4 Beschreibe einen Vogel, den du schon öfter beobachtet hast. Informiere dich in einem Vogelbuch oder in deinem Biologielehrbuch über die jeweilige Vogelart.

Schwarzspecht   *Blaumeise*   *Elster*   *Storch*

48 Beschreiben

5

WELLENSITTICH
entflogen, graublau, hört auf den Namen
Putzi

ZWERGSCHAFE
abzugeben, kinderlieb
und pflegeleicht,
auch für kleine
Flächen geeignet,
Offenstall genügt

Brauner
ZWERGDACKEL
entlaufen, Omas Liebling, sehr anhänglich, hört auf den Namen Waldi,
hohe Belohnung!

Tierheim bietet an:
ZWEI MISCHLINGSRÜDEN,
schwarz mit weißem Stirnfleck, stubenrein und sehr kinderlieb, drei Jahre alt, auch getrennt abzugeben

Drei junge
KÄTZCHEN,
drei Monate alt,
braun und weiß gefleckt,
in gute Hände abzugeben

a Was unterscheidet diese Beschreibungen von denen, die du vorher gelesen oder auch selbst geschrieben hast?

b Nenne die besonderen Merkmale der Tiere, die in diesen Anzeigen erwähnt werden. Ob die Beschreibungen für ein Angebot oder für eine Suchanzeige ausreichen?

> Neben allgemeinen Merkmalen hat jedes Lebewesen auch seine eigenen, ganz **besonderen Merkmale**. Diese musst du beschreiben, wenn du ein bestimmtes Lebewesen vorstellen willst.

6

Dalmatiner

Beagle

a Schau dir diese Hunde genau an. Welche besonderen Merkmale erkennst du?

b Stell dir vor, du wärst der Besitzer eines der Hunde und würdest ihn nach einem Spaziergang plötzlich vermissen. Du beschließt, eine Suchanzeige aufzugeben. Was würdest du schreiben?

Ein Lebewesen beschreiben 49

7 a Vielleicht hast du zu Hause auch ein Tier oder deine Freundin / dein Freund besitzt eins. Beschreibe seine besonderen Merkmale.

b Auch dein Tier könnte verloren gehen. Formuliere eine Suchanzeige.
Du könntest sie auch illustrieren.

8 Nicht nur Tiere werden gesucht. Bestimmt hast du auch schon einmal eine Vermisstenanzeige für eine Person gelesen.

Matthias Jung, zehn Jahre alt, wird vermisst. Ist er von zu Hause weggelaufen? Ist er entführt worden oder einem Verbrechen zum Opfer gefallen?
Die Polizei will eine Suchmeldung in Umlauf bringen. Darin sollen die besonderen Merkmale des Jungen beschrieben werden. Eine solche Suchmeldung ist meistens ausführlicher als die Anzeigen in Aufgabe 5.

a Überlege, welche Angaben die Suchmeldung enthalten muss.

b Teilt die Klasse. Die eine Hälfte verfasst – jeder für sich – einen zusammenhängenden Text, der in einer Zeitung als Suchmeldung abgedruckt werden könnte.
Die anderen gestalten einen Steckbrief für Aushänge.

➥ S. 7: *Aufgabe 4*. Schaut euch den Steckbrief dort noch einmal an. Was müsstet ihr jetzt anders machen?

c Veröffentlicht eure Arbeiten an der Pinnwand und bewertet sie im Gespräch.

9 Es sind inzwischen noch andere Vermisstenmeldungen eingegangen.
Folgende Personen werden gesucht:

Robin Hood   Dracula
Harry Potter   Ronja Räubertochter
Robinson Crusoe   Rumpelstilzchen

Schreibe eine Suchmeldung für eine der genannten Personen. Verfasse sie
– in Form eines Steckbriefs für einen Aushang oder
– in Form einer zusammenhängenden Beschreibung
   für die Zeitung.

| 50 | Beschreiben |

10 a Ihr könnt euch auch gegenseitig beschreiben. Fertigt eine Beschreibung von einer Mitschülerin oder einem Mitschüler an. Seid fair dabei.

b Lest einige eurer Beschreibungen in der Klasse vor, ohne die Namen zu nennen. Die anderen sollen erraten, wer gemeint ist.
Beurteilt, ob euch eure Beschreibungen gelungen sind.

Einen Gegenstand beschreiben

1 Versucht einmal Folgendes:
Stellt einen Karton auf den Tisch, in den jeder einen Stift hineinlegt. Schaut euch euren Stift vorher ganz genau an. Anschließend muss jeder seinen Stift, ohne dabei in den Karton zu sehen, so genau beschreiben, dass eine Jury (von etwa vier Schülerinnen und Schülern) den jeweils richtigen Stift unter allen anderen herausfinden kann.

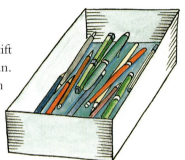

> Fragen wie *Was ist das?*, *Wie sieht das aus?*, *Wozu braucht man …?* oder *Woraus besteht …?* fordern dich auf, einen **Gegenstand** zu **beschreiben**.
> Gegenstände sind wie Lebewesen durch **allgemeine** und **besondere Merkmale** gekennzeichnet.

2 a Schau dir die Abbildungen ganz genau an.
Welche allgemeinen Merkmale erkennst du an Messern, welche an Gabeln?
Was hat jedes Messer?
Was hat jede Gabel?

b Welche besonderen Merkmale kann ein einzelnes Messer / eine einzelne Gabel haben?
Denk einmal an dein Besteck zu Hause.

3 a Sieh dich in der Klasse um und beschreibe ein Kleidungsstück einer Mitschülerin oder eines Mitschülers nach seinen besonderen Merkmalen. Beginne mit den unauffälligeren Merkmalen, sodass die anderen das Kleidungsstück nicht sofort erraten können.

b Versucht nun einmal gemeinsam, die allgemeinen Merkmale der beschriebenen Kleidungsstücke zu benennen.

Einen Gegenstand beschreiben 51

4 Schreibe die allgemeinen Merkmale dieser Gegenstände in einer Tabelle auf. Notiere auch, wozu sie gebraucht werden (Funktion).

Gegenstand	Allgemeine Merkmale	Funktion

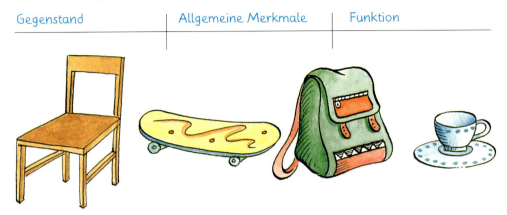

5 Selbst einfache Gegenstände sind oft gar nicht so leicht zu beschreiben. Es kommt vor allem darauf an, ihre Merkmale genau und richtig zu bezeichnen.

a Lies den folgenden kurzen Text, in dem ein einfacher Gegenstand aus dem Haushalt beschrieben wird.

Der Korkenzieher

Mit einem Korkenzieher kann man einen Korken aus dem Flaschenhals herausziehen.
Der Korkenzieher besteht aus einem Griff und einem Schaft mit einer Bohrspirale.
Der walzenförmige Griff ist aus einem festen Material hergestellt.
5 Er dient dazu, den Schaft mit der Bohrspirale zu führen.
Der Schaft verbindet Griff und Bohrspirale. Er hat die Form eines Zylinders und ist aus verchromtem Stahl gefertigt.
Die Bohrspirale, an deren Ende eine Bohrspitze angebracht ist, besteht ebenfalls aus verchromtem Stahl. Sie ermöglicht, dass der Korken-
10 zieher in den Korken eindringt und ihn beim Herausziehen fest hält.

b Nenne die in der Beschreibung verwendeten Verben. Daran erkennst du, wie genau man bezeichnen kann und dabei ein bloßes Aufzählen mit *ist* und *hat* vermeidet.

c Wie werden die einzelnen Merkmale des Korkenziehers bezeichnet? Lege dazu eine Tabelle an und fülle sie in Stichpunkten aus.

Bestandteile	Material	Form	Funktion
Griff	festes Material	walzenförmig	führt den Schaft mit der Bohrspirale
...	...	...	...

6 a Denke nach und schau dich um. Welche Gegenstände oder Teile von Gegenständen sind *kegelförmig, röhrenförmig, würfelförmig* oder *herzförmig*?

b Welche anderen Formen kennst du? Ordne sie bestimmten Gegenständen zu.

c Wenn du einen Gegenstand beschreibst, musst du manchmal auch seine Farbe benennen. Versuche einmal, das unterschiedliche Grün von Blättern zu bezeichnen, z. B. *grün wie …* oder *moosgrün*.

d Welche Farbe hat dein T-Shirt oder deine Schultasche? Denke auch an andere Gegenstände und bezeichne ihre Farben möglichst genau.

Einen Gegenstand erkennst du an seinen Merkmalen. Die wichtigsten **Merkmale eines Gegenstands** kannst du mithilfe der folgenden Fragen ermitteln:

1. Was ist das? (**Art** des Gegenstands)
2. Wozu wird er gebraucht? (**Funktion** des Gegenstands)
3. Wie groß ist er? (**Größe**)
4. Welche Form hat er? (**Form**)
5. Woraus besteht er? (**Material**)
6. Welche Farbe hat er? (**Farbe**)
7. Aus welchen Teilen besteht er? Wie sind diese Teile angeordnet? (**einzelne Teile** des Gegenstands und ihre **räumliche Anordnung**)
8. Gibt es noch andere Merkmale, die wichtig sind? Fallen Besonderheiten sofort auf?

Du kannst dich beim Aufbau einer Beschreibung an dieser **Reihenfolge** orientieren.

---

7 Gegenstände können verloren gehen. Manchmal hat man Glück und sie werden im Fundbüro abgegeben.

Herr Schneider und Herr Müller kommen ins Fundbüro, weil sie ihren Regenschirm verloren haben. Der Beamte sucht unter den vielen Schirmen, die abgegeben wurden.

Um ihm die Suche zu erleichtern, beschreiben die beiden Männer ihre Schirme:

HERR SCHNEIDER: Mein Schirm sieht grau aus und ist ein bisschen kaputt. Der Stock ist aus Holz. Ich habe ihn gestern dummerweise im Bus liegen lassen, als ich von der Arbeit nach Hause fuhr. Weil es nicht geregnet hat, habe ich ihn vergessen.

HERR MÜLLER: Mein Schirm ist mit dunkelblauem Baumwollstoff bespannt. Der runde Griff besteht aus hellem, der Schaft aus dunklem Holz. Irgendwo am Schaft befindet sich ein runder roter Aufkleber.

Welche Beschreibung ist für den Beamten hilfreicher, die von Herrn Schneider oder die von Herrn Müller? Begründe deine Meinung.

8 a Schreibe eine Suchmeldung für einen Gegenstand, den du verloren hast oder den du in der Schule leicht verlieren könntest.
Es kann aber auch vorkommen, dass du einen Gegenstand beschreiben musst, der dir gestohlen wurde.

> **Wie du deine Beschreibung überprüfen kannst**
>
> 1. Habe ich alle wichtigen Merkmale genannt, an denen der Gegenstand zu erkennen ist?
> 2. Habe ich die Merkmale richtig bezeichnet und genau genug beschrieben?
> 3. Ist meine Beschreibung folgerichtig aufgebaut?

b Heftet eure Suchmeldungen an die Pinnwand. Stellt gemeinsam fest, ob es möglich ist, die Gegenstände anhand der Beschreibungen zu erkennen.

Mit Texten und Medien umgehen

Lesen trainieren – einen Text vorlesen

1 a Bei diesem Gedicht von Joachim Ringelnatz sind die Zeilen durcheinander geraten. Versucht zu zweit, die einzelnen Zeilen nach ihrem Sinnzusammenhang zu ordnen. Schreibt das Gedicht in der richtigen Reihenfolge auf.

Der Stein

Er riss im Rollen noch ein Haus

    Da sprach der Stein mit stolzer Miene:

Ein kleines Steinchen rollte munter

    und dort versank der kleine Stein.

ward es viel größer als es wollte.

    von einem hohen Berg herunter.

Und als es durch den Schnee so rollte,

    „Jetzt bin ich eine Schneelawine."

und sieben große Bäume aus.

    Dann rollte er ins Meer hinein

b Lies das Gedicht still für dich.
Versuche dir beim Lesen den beschriebenen Vorgang bildlich vorzustellen.

c Überlege, wie du den Lesevortrag gestalten könntest.

d Lies das Gedicht nun sinnbetont vor. Sagt euch, was ihr noch verbessern könntet.

Beim **Vorlesen** eines Textes solltest du dich bemühen, **ausdrucksvoll** und **sinnbetont** zu lesen. Deshalb ist es notwendig, dass du den Sinn des Textes, den du vorliest, verstanden hast.
Fehlerfreies und ausdrucksvolles Vorlesen kannst du trainieren. Dazu gehört, den Text mehrmals leise und laut lesen zu üben. Zur Unterstützung deines Lesevortrags kannst du **Lesehilfen** in den Text einbauen. Hier sind ein paar Beispiele:
– bei längeren oder schwierigen Wörtern Betonungszeichen setzen: *Schneelawine*,
– hervorzuhebende Wörter unterstreichen,
– Lesepausen markieren (kleine Pause: /, größere Pause: //),
– zusammengehörende Wörter mit einem Bogen verbinden: *mit stolzer Miene*.

2a Lies das folgende Märchen still für dich. Achte dabei darauf, an welchen Stellen du ins Stocken gerätst. Kläre die Wörter, die du nicht verstanden hast.

Das kluge Gretel

Es war einmal eine Köchin, die hieß Gretel. Die trug Schuhe mit roten Absätzen, und wenn sie damit ausging, so drehte sie sich hin und her, war ganz fröhlich und dachte, du bist doch ein schönes Mädel! Und wenn sie nach Hause kam, so trank sie aus Fröhlichkeit einen Schluck Wein, und weil der Wein auch Lust zum Essen macht, so versuchte sie das Beste, was sie kochte, so lang, bis sie satt war. Und sprach: „Die Köchin muss wissen, wie 's Essen schmeckt."

Es trug sich zu, dass der Herr einmal zu ihr sagte: „Gretel, heut Abend kommt ein Gast, richte mir zwei Hühner fein wohl zu."

„Will 's schon machen, Herr", antwortete Gretel.

Nun stach 's die Hühner ab, brühte sie, rupfte sie, steckte sie an den Spieß und brachte sie, wie 's gegen Abend ging, zum Feuer, damit sie braten sollten. Die Hühner fingen an braun und gar zu werden, aber der Gast war noch nicht gekommen.

Da rief Gretel dem Herrn: „Kommt der Gast nicht, so muss ich die Hühner vom Feuer tun, ist aber Jammer und Schade, wenn sie nicht bald gegessen werden, wo sie am besten im Saft sind."

Sprach der Herr: „So will ich nun selbst laufen und den Gast holen."

Als der Herr den Rücken gekehrt hatte, legte Gretel den Spieß mit den Hühnern beiseite und dachte: So lange da beim Feuer stehen macht schwitzen und durstig. Wer weiß, wann die kommen! Derweil spring ich in den Keller und tue einen

Schluck. Lief hinab, setzte einen Krug an, sprach: „Gott gesegn' es dir, Gretel" und tat einen guten Zug. [...]

Nun ging es und stellte die Hühner wieder übers Feuer, strich sie mit Butter und trieb den Spieß lustig herum. Weil aber der Braten so gut roch, dachte Gretel, es könnte etwas fehlen, versucht muss er werden! Schleckte mit dem Finger und sprach: „Ei, was sind die Hühner so gut. Ist ja Sünd und Schand, dass man sie nicht gleich isst."

Lief zum Fenster, ob der Herr mit dem Gast noch nicht käm, aber es sah niemand. Stellte sich wieder zu den Hühnern, dachte: Der eine Flügel verbrennt, besser ist 's, ich ess ihn weg. Also schnitt es ihn ab und aß ihn auf und er schmeckte ihm. Und wie es damit fertig war, dachte es, der andere muss auch herab, sonst merkt der Herr, dass etwas fehlt. Wie die zwei Flügel verzehrt waren, ging es wieder und schaute nach dem Herrn und sah ihn nicht. Wer weiß, fiel ihm ein, sie kommen wohl gar nicht und sind wo eingekehrt. [...]

Also lief es noch einmal in den Keller, tat einen ehrbaren Trunk und aß das Huhn in aller Freudigkeit auf. [...]

Lesen trainieren – einen Text vorlesen

„Wo das eine ist, muss das andere auch sein, die zwei gehören zusammen. Was dem einen recht ist, das ist dem anderen billig. Ich glaube, wenn ich noch einen Trunk tue, so sollte mir 's nicht schaden."

Wie es so im besten Essen war, kam der Herr dahergegangen und rief: „Eil dich, Gretel, der Gast kommt gleich nach."

„Ja, Herr, will 's schon zurichten", antwortete Gretel.

Der Herr sah indessen, ob der Tisch wohl gedeckt war, nahm das große Messer, womit er die Hühner zerschneiden wollte, und wetzte es auf dem Gang.

Indem kam der Gast, klopfte sittig und höflich an der Haustüre, Gretel lief und schaute, wer da war, und als es den Gast sah, hielt es den Finger an den Mund und sprach: „Still, still! Macht geschwind, dass Ihr wieder fortkommt! Wenn Euch mein Herr erwischt, so seid Ihr unglücklich. Er hat Euch zwar zum Nachtessen eingeladen, aber er hat nichts anderes im Sinn, als Euch beide Ohren abzuschneiden. Hört nur, wie er das Messer dazu wetzt."

Der Gast hörte das Wetzen und eilte, was er konnte, die Stiegen wieder hinab. Gretel war nicht faul, lief schreiend zu dem Herrn und rief: „Da habt Ihr einen schönen Gast eingeladen!"

„Ei, warum, Gretel? Was meinst du damit?"

„Ja", sagte es, „der hat mir beide Hühner, die ich eben auftragen wollte, von der Schüssel genommen und ist damit fortgelaufen."

„Das ist seine Weise!", sprach der Herr, und es ward ihm leid um die schönen Hühner. „Wenn er mir wenigstens das eine gelassen hätte, damit mir was zu essen geblieben wäre."

Er rief ihm nach, er sollte bleiben, aber der Gast tat, als hörte er es nicht. Da lief er hinter ihm her, das Messer noch immer in der Hand, und schrie: „Nur eins, nur eins!" und meinte, der Gast sollte ihm nur ein Huhn lassen und nicht alle beide nehmen. Der Gast aber meinte nicht anders, als er sollte eins von seinen Ohren hergeben, und lief, als wenn Feuer unter ihm brennte, damit er sie beide heimbrächte.

b Bereite den Text nun für einen Lesevortrag vor. Lege dazu eine Folie über den Text und zeichne dir verschiedene Lesehilfen (siehe Rahmen auf S. 54) ein.

c Wer traut sich zu, das Märchen vorzulesen? Teilt den Text in drei etwa gleiche Abschnitte ein. Drei von euch sollen sie vorlesen.
Die anderen hören zu und machen sich Notizen zu den folgenden Punkten:
1. Vorlesetempo,
2. Lautstärke,
3. klare, deutliche Aussprache,
4. Pausen,
5. Betonung von wichtigen Wörtern.

d Sucht euch ein Märchen oder eine Sage aus und organisiert einen Vorlesewettbewerb.

3 Vorlesen lernt man nur durch Vorlesen. Such dir deshalb weitere Texte aus deinem Lesebuch heraus, an denen du das Vorlesen üben kannst. Dafür eignen sich besonders kürzere Texte.

Wenn möglich, nimm deinen Lesevortrag auf Kassette auf und überprüfe dich selbst.

4 Es gibt viele Übungen, die das Lesetraining unterstützen. Hier ist eine kleine Auswahl. Wenn du noch Schwierigkeiten beim Lesen hast, probiere ein paar davon aus.

Lautverbindungen richtig aussprechen

(1) Bei den folgenden Wörtern wird die Buchstabenfolge *chs* wie *x* gesprochen.
Lies die Wörter laut und präge sie dir ein.

Achse	Buchsbaum	Dachs	Echse	Flachs	Fuchs
Gewächs	Lachs	Luchs	Ochse	Sachsen	Wachs

(2) Schreibe unter Verwendung möglichst vieler oder all dieser Wörter eine kleine Geschichte. Lies deinen Mitschülerinnen und Mitschülern diese Geschichte vor, nachdem du den Vortrag mehrmals geübt hast.

Genau lesen

Bei Gedichten wie dem folgenden Nonsensgedicht (das ist ein Gedicht, das eigentlich keinen Sinn hat) passiert es häufig, dass etwas anderes vorgelesen wird, als tatsächlich geschrieben steht.

(1) Lies das Gedicht zunächst mehrmals leise.
Bemühe dich darum, jeden Buchstaben zu erfassen.

Gruselett

der Flügelflagel gaustert
durchs Wiruwaruwolz,
die rote Fingur plaustert,
und grausig gutzt der Golz.

Christian Morgenstern

(2) Obwohl es sich um ein Nonsensgedicht handelt, stellst du dir vielleicht trotzdem etwas dabei vor?
(3) Gibt es einen erkennbaren Rhythmus in dem Gedicht? Probiere es aus.
(4) Übe den Lesevortrag zu Hause mehrmals laut. Bemühe dich um eine genaue Aussprache.

Richtig betonen

(1) Gib die kleine Geschichte, die im folgenden Gedicht erzählt wird, wieder. Das wird dir helfen, beim Lesevortrag richtig zu betonen.

ottos mops

ottos mops trotzt
otto: fort mops fort
ottos mops hopst fort
otto: soso

otto holt koks
otto holt obst
otto horcht
otto: mops mops
otto hofft
ottos mops klopft
otto: komm mops komm
ottos mops kommt
ottos mops kotzt
otto: ogottogott

Ernst Jandl

(2) Welchen Hinweis für den Lesevortrag geben dir die Doppelpunkte?
(3) Probiere verschiedene Varianten für das Vorlesen dieser Zeilen aus.
(4) Übe den Lesevortrag zu Hause. Stelle ihn dann in der Klasse vor.

Den Sinn schnell erfassen

(1) Suche ganz schnell das HAAR in der SUPPE.

(2) In diesem Buchstabenfeld haben sich sieben Farbbezeichnungen versteckt. Suche sie möglichst schnell heraus.

G T O R T B S T R G R A U K S G R Ö S C H W A R Z C S
H E U Z D L U N F M M U W I R O S A B L K D U M W I
J U V Ä N B P Q R G R Ü N V L R E K K R O T H F T O N
H G E L B U S N U K J L I P B A W E I S S L K S I E R J L K

Die Augenmuskeln trainieren

Verfolge die Linie mehrmals hintereinander nur mit den Augen hin und zurück.

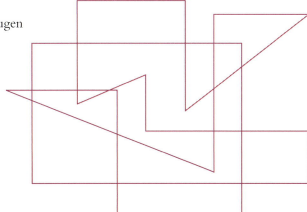

Wortschlangen schnell auflösen

(1) Lege eine Folie auf und trenne die einzelnen Wörter mit diesem Zeichen ⌐ voneinander ab. Wenn du es geschafft hast, lies den Satz laut vor dich hin.

```
E I N E S C H L A N G E D A C H T E B A N G I C H B I N J A S
O E N T S E T Z L I C H L A N G I C H P A S S A U F K E I N E G A R
T E N B A N K A B E R U N T E R N K L E I D E R S C H R A N K
```

 (2) Mach es nun genauso mit dem Text auf S. 116, Aufgabe 4a.

Die Blickspanne erweitern

(1) Lies schnell und versuche, die Bedeutung möglichst auf einen Blick zu erfassen.

Er pfeift.
Er pfeift ein Lied.
Er pfeift ein Lied auf dem Heimweg.
Er pfeift ein Lied auf dem Heimweg von der Schule.

(2) Richte deine Augen auf die Mittellinie. Lies die Wörter, möglichst ohne deine Augen zu bewegen.

Fuß
Fußboden
Fußbodenleger
Fußbodenlegerfirma
Fußbodenlegerfirmenchef
Fußbodenlegerfirmenchefsache

(3) Denk dir für deine Mitschülerinnen und Mitschüler ähnliche Übungen aus.

Einem Text Informationen entnehmen

1 Viele von euch haben ein Tier zu Hause oder würden gerne ein Tier halten. Tauscht euch über eure Erfahrungen mit Haustieren aus. Welche schönen Erlebnisse hattet ihr? Welche Schwierigkeiten gibt es?

Es kommt vor, dass du Antwort auf ganz bestimmte Fragen suchst, z. B. *Wie legt man ein Aquarium an? Welche Pflege braucht mein Meerschweinchen?* Zeitungstexte oder Bücher können dir Antwort auf solche Fragen geben. Wenn du einen **Text** gefunden hast, der dir hilfreich sein könnte, dann solltest du ihn **lesen**.

Die **5-Gang-Lesetechnik** wird dir die Arbeit sehr erleichtern.
Gehe folgendermaßen vor:

1. **Überfliege den Text.** Überschriften und Einleitung, auch Bilder und Zwischenüberschriften geben dir wichtige Hinweise.

2. **Stelle Fragen an den Text.** Mach dir klar, was du zum Thema schon weißt und was du aus dem Text erfahren möchtest. Gibt der Text eine Antwort auf deine Fragen?

3. **Lies den Text gründlich.** Unterstreiche Wörter, deren Bedeutung du nicht kennst und auch aus dem Zusammenhang nicht erschließen kannst. Schlage diese im Wörterbuch nach. Gliedere den Text in sinnvolle Abschnitte und gib diesen passende Überschriften.

4. **Fasse das Wichtigste zusammen.** Markiere Schlüsselwörter (das sind Begriffe, die genau wie Schlüssel Türen öffnen können, Türen zum Verstehen des Textes) und mach dir Notizen.

5. **Lies den Text noch einmal.** Kontrolliere dabei, ob du alle wichtigen Informationen gefunden hast.

---

2 In manchen Informationstexten kommen sehr lange Sätze vor, die nicht leicht zu erfassen sind. Hier kann es hilfreich sein, wenn du die langen Sätze auflöst. Versuch es einmal.

(1) Nasskleber bestehen im Wesentlichen aus Kunstharz, das durch ein Lösungsmittel verflüssigt wird.

(2) Fischer haben sich beklagt, dass Kormorane, die große Fischräuber sind, nicht gejagt werden dürfen, weil sie unter Naturschutz stehen.

(3) Dädalus, der Vater von Ikarus, ermahnt seinen Sohn, nicht zu hoch zu fliegen, weil sonst die Sonne das Wachs schmilzt, mit dem die Flügelfedern befestigt sind.

Einem Text Informationen entnehmen 61

3 Ben hat einen Hamster. Alles, was seine Klassenkameraden wissen sollten, ehe sie sich selbst einen Hamster anschaffen, hat er für sie aufgeschrieben.

➡ S. 45–47: *Beschreiben der allgemeinen Merkmale eines Tieres.*

a Lies den Text still. Welche allgemeinen Merkmale des Hamsters hat Ben beschrieben? Warum hat er diese Merkmale ausgewählt?

Der Hamster ist ein niedliches Nagetier. Schon deshalb ist nicht jedes Behältnis als Wohnraum für ihn geeignet. Ein Käfig z. B. ist nicht günstig, denn als nachtaktives Tier knabbert der Hamster an den Käfigstangen und verursacht dadurch Lärm. Eine gute Möglichkeit ist ein großer Glasbehälter mit einem luftdurchlässigen Deckel. Das hat auch den Vorteil, dass aus dem Behälter kein Schmutz ins Zimmer gelangt. In dem Glasbehälter solltest du dem Hamster einen Schlafkasten einrichten, in dem er sich ein Nest aus Heu bereiten kann und in dem er nicht gestört werden darf. Einmal wöchentlich musst du den Behälter säubern. Dann kommen neue Sägespäne auf den Boden. Auch Torf ist als Spreu geeignet. In Zoohandlungen bekommst du Spielzeug oder „Fitnessgeräte" wie Treppchen oder Laufräder für den bewegungslustigen Hamster. Du musst wissen, dass ein Hamster tagsüber oft lange schläft. Erst gegen Abend wird er munter und hat Hunger. Der Hamster frisst Körner, Nüsse, auch Kekse und Zwieback. Er kann sich große Mengen in seine Hamsterbacken stecken, was sehr lustig aussieht. An Zweigen knabbert er auch gern. Pass aber auf, dass sie nicht giftig sind! Wichtig ist, dass du ständig für frisches Wasser sorgst. Zum Füttern brauchst du nur wenige Minuten am Tag. Mehr Zeit benötigst du, Körner und Spreu einzukaufen und das Hamsterhaus zu reinigen.

b Schlage in einem Wörterbuch die Bedeutung des Wortes „Torf" nach.

c Teile den Text in Abschnitte ein und markiere darin die Schlüsselwörter. Wähle aus den Schlüsselwörtern Überschriften für die Abschnitte aus und fasse mündlich kurz zusammen, was du in jedem Abschnitt erfährst.

Die wichtigsten Informationen im Text kannst du dir **markieren**. Du kannst sie verschiedenartig oder mit unterschiedlichen Farben **unterstreichen** oder sie mit einem Textmarker kennzeichnen. Mach am Textrand **Anmerkungen** (Pfeile, Striche, Ausrufezeichen, …) oder **Randnotizen**. Versuche sparsam mit deinen Unterstreichungen zu sein. Zu viel Unterstrichenes wird leicht unübersichtlich.

Einem Text Informationen entnehmen

d Ordne die Informationen über den Hamster. Lege eine Tabelle nach folgendem Muster an und fülle sie stichpunktartig aus.
Um die letzte Spalte ausfüllen zu können, solltest du dich in einer Tierhandlung erkundigen.

Tier	Unterbringung	Pflege	Futter	Zeitaufwand	Anschaffungspreis / Preis pro Monat
Hamster	…				

e Passt vielleicht ein anderes Haustier besser zu dir? Informiere dich über ein Tier, das du gern hättest. Trage deine Ergebnisse in die Tabelle ein.

f Auch Meerschweinchen sind putzige Haustiere. Schaut euch die Übersicht an und besprecht miteinander, wie man das richtige Meerschweinchen findet.

Das richtige Meerschweinchen auswählen

	Gesundes Meerschweinchen	Krankes Meerschweinchen
Körper	rundum gut gepolstert	eingefallene Flanken
Fell	dicht und glänzend	struppig, dünn, mit kahlen Stellen
Augen	blank und ein wenig feucht, ohne Ausfluss	zu trocken, verklebt, entzündet
Nase	trocken und warm	verkrustet, mit Ausfluss
Ohren	sauber	dunkelbraune Krusten, vermehrtes Kratzen
Afterregion	sauber	kotverschmiert
Füßchen	auf der Unterseite nackt und ganz glatt	entzündet, Krallen wachsen in verschiedene Richtungen
Verhalten	aufmerksam, munter, „unterhält" sich mit seinen Artgenossen	lustlos, apathisch[1]

[1] teilnahmslos

4 a Du hast von einer wertvollen Porzellantasse den Henkel abgebrochen und möchtest ihn wieder ankleben. Du suchst in einem Informationsblatt über Klebstoffe Rat. Welche Frage möchtest du beantwortet haben? Wie heißt dein Schlüsselwort? Oder hast du mehrere Schlüsselwörter?

b Überfliege das Informationsblatt. Lege eine Folie auf und markiere die Schlüsselwörter.

Für viele Bruchstellen gibt es heute den passenden Klebstoff, der schnell wieder eine feste Verbindung herstellt. Fachleute unterscheiden zwischen Nassklebern, Kon-
5 taktklebern und Reaktionsklebern.
Nasskleber bestehen im Wesentlichen aus Kunstharz, das durch ein Lösungsmittel verflüssigt wird. Die bekanntesten Nasskleber sind Alleskleber, Kunststoffkleber und
10 Modellkleber.
Kontaktkleber werden stets auf beide Bruchstellen aufgetragen. Die Teile werden fest zusammengedrückt, wenn der Klebstoff „fingertrocken" ist. Die Verbindung kommt
15 dann durch den Kontakt des Klebstoffs mit sich selbst zustande. Es gibt spezielle Kontaktkleber für Folien und für Hartschaumplatten.
Reaktionskleber brauchen einen Partner für
20 eine feste Verbindung. Dieser Partner ist oft die Luftfeuchtigkeit. Durch die schnelle Reaktion mit der Luftfeuchtigkeit können Porzellanteile und Porzellanscherben leicht miteinander verbunden werden.

c Hattest du deine Schlüsselwörter richtig gewählt? An welcher Stelle hast du Antwort auf deine Frage gefunden? Welchen Kleber kannst du also wählen?

Informationen sammeln

Mit Nachschlagewerken umgehen

1 Man kann nicht immer alles auf Anhieb wissen. Es gibt viele Nachschlagewerke, die euch Auskunft geben können.

   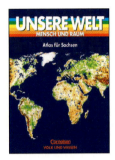

a Bei welchen Fragen können euch die abgebildeten Nachschlagewerke helfen? Kennt ihr noch andere Nachschlagewerke?

b Welche Erfahrungen habt ihr mit Nachschlagewerken gemacht? Tauscht euch darüber aus.

Im Wörterbuch nachschlagen

2 Wenn du nicht weißt, wie ein Wort geschrieben wird oder was es bedeutet, solltest du in einem Wörterbuch nachschlagen. Dabei gilt: Je besser du mit dem Alphabet umgehen kannst, desto schneller bist du beim Nachschlagen.

a Hier ist das Alphabet mächtig durcheinander geraten. Dabei sind fünf Buchstaben verloren gegangen. Finde heraus, welche fehlen, und schreibe sie untereinander auf.

b Schreibe zu jedem der fehlenden Buchstaben drei Substantive auf.

Mit Nachschlagewerken umgehen

c

(A B C D E F G H I J K L M N O)

(L M N O P Q R S)

Wer wird das Wort *Schokolade* wohl schneller finden, Ulla oder Mike? Warum?

d Probiere aus, in welche Buchstabengruppen du das Alphabet zerlegen würdest. Schreibe es auf und kennzeichne deine Gruppen, z. B. durch senkrechte Striche.

e Welche Buchstaben fehlen in den einzelnen Gruppen?

A B … D   I … … L   … N … P   … … … H …   … … … U

f Ordne die Buchstaben nach dem Alphabet. Welche Wörter entstehen? Schreibe sie auf. Denk daran, dass du Substantive großschreiben musst.

```
Z E R       – Erz
S A L       – als
L A L       – …
M I L F     – …
T E B E     – …
C H A T     – …
O R C H     – …
N E T B I G N – …
```

g Stelle für deine Nachbarin / deinen Nachbarn eine Wortliste zusammen, die sie/er nach dem Alphabet ordnen soll. Du kannst Städte-, Tier- oder Pflanzennamen, auch Sportarten oder Lieblingsgerichte für diese Liste auswählen.

3 Bei den folgenden Wörtern sind die beiden ersten Buchstaben immer gleich.

Fläche, Fleck, Flöte, Flosse, Fliege, Flamme, Flüssigkeit, Floß, Flug
Gemüse, Gelände, Gerät, Geografie, Geld, Geländer, Gepäck, Gemälde

a Schreibe sie in der Reihenfolge auf, in der sie in einem Wörterbuch stehen müssten. Bei Unsicherheit solltest du in einem Wörterverzeichnis nachschlagen.

b Wie werden die Wörter mit Umlaut, z. B. *ä* oder *ö*, im Wörterbuch eingeordnet? Sortiere die folgenden Wörter nach dem Alphabet. Überprüfe deine Reihenfolge mithilfe eines Wörterbuchs.

Student, Stuck, Strumpf, Stück, Stuhl, Stümper, Stunde, Stube, Stufe, Strom
Märchen, Marzipan, Manöver, Marder, Mantel, Mappe, März, Mannschaft

c Welches Wort steht zuerst im Wörterbuch: *Floß* oder *Flosse*?

Informationen sammeln

4 a Schau dir diesen kurzen Ausschnitt aus einem Wörterbuch an. Wodurch wird die Orientierung auf dieser Seite erleichtert?

Fibel – flau

Fibel, die, -, -n (Lesebuch für die 1. Klasse; Elementarlehrbuch)

Fiber, die, -, -n (Faser)

Fichte, die, -, -n (ein Nadelbaum)

fidel (lustig)

Fieber, das, -s, - (erhöhte Körpertemperatur) | **fieberhaft** | **fieb[e]rig** | **fiebern**

fiepen (einen leisen, hohen Ton von sich geben); das Küken fiept

Figur, die, -, -en | **figürlich**

Filet [fi'le:], das, -s, -s (Lendenstück, Rückenfleisch)

Filiale, die, -, -n (Zweiggeschäft)

Film, der, -[e]s, -e | **filmen**

Filter, der od. (in der Technik) das, -s, - | **filtern**; das Licht/den Kaffee ~ | **Filtrat**, das, -[e]s, -e (durch Filtern geklärte Flüssigkeit) | **filtrieren**

b Die fett gedruckten Wörter über der Linie oben heißen Seitenleitwörter. Welche Aufgabe haben sie?

c Schlage die folgenden Wörter im Wörterbuch nach und schreibe sie untereinander auf. Schreibe daneben jeweils die Bedeutung und die dazugehörigen Seitenleitwörter.

Kanon   Refrain   Strophe   Takt   Vers

5 a Wie findest du diese Wörter im Wörterbuch? Wo musst du nachschlagen?

geschlossen, geschafft, (du) hältst, (ich) wüsste
Männer, Gänse, (des) Hundes, Plätze

b Denkt euch für eure Mitschüler ähnliche Wörter aus und veranstaltet einen Suchwettbewerb.

c *gewinkt* oder *gewunken*? Schau im Wörterbuch nach.

Mit Nachschlagewerken umgehen 67

6 Wie werden diese Wörter gesprochen? Wie werden sie geschrieben?
Wo schlägst du nach?

(1) …ontainer, …arakter, …eks, …or, …omputer, …aussee
(2) …olgen, …ordern, …orn, …antasie, …ysikalisch, …erkaufen

7 Beim Schreiben mit dem Computer kann man anstelle des Nachschlagens im Wörterbuch auch das Rechtschreibprogramm benutzen, wenn es im Computer installiert ist.
Schreibe das Partnerdiktat auf S. 167 „Was Hunde mögen" mit dem Computer und nutze das Rechtschreibprogramm.
Tauscht euch anschließend in der Klasse darüber aus. Was muss man beim Umgang mit dem Rechtschreibprogramm beachten?

Im Lexikon nachschlagen

8 a Ein weiteres wichtiges Nachschlagewerk ist das Lexikon. Sicher hast du es schon einmal benutzt. Erkläre, wie es aufgebaut ist.

b Löse mithilfe eines Lexikons folgendes Lexikonrätsel.

Die Buchstaben der markierten Felder ergeben, von unten nach oben gelesen, das Lösungswort.

- Bezeichnung für Papier im alten Ägypten
- Vorname eines der Brüder Grimm
- Gerät zum Fernsprechen
- Rüsseltier
- Insel, auf der Napoleon I. geboren wurde
- Bezeichnung für Wörterbuch
- Vorname des Vaters von Wolfgang A. Mozart
- Bezeichnung für ein islamisches Gebetshaus

9 a Lexika gibt es inzwischen nicht nur in Papierform, sondern auch auf CD. Um in so einem Lexikon zu suchen, legt einfach die entsprechende CD in den Computer ein. Gebt dann euren Suchbegriff ein. Bei den angezeigten Suchergebnissen müsst ihr herausfinden, welche die von euch erwartete Information beinhalten.

b Es ist natürlich auch möglich, im Internet oder in elektronischen Lexika zu suchen. Einige Nachschlagewerke im Internet sind kostenlos. Ihr könnt z. B. auf den Webseiten http://www.xipolis.net in verschiedenen Lexika oder Wörterbüchern nach einem Begriff suchen. Probiert es aus.

Lehrbücher als Nachschlagewerke

10 Dein Schulbuch „Unsere Muttersprache" kannst du auch als Nachschlagewerk nutzen, wenn du dich über ein Thema informieren oder noch einmal vergewissern willst. Du findest in deinem Lehrbuch ein Inhaltsverzeichnis und ein Sachwortverzeichnis im Anhang. Beide helfen dir, schnell zur richtigen Stelle im Buch zu gelangen.

a Wie ist das Inhaltsverzeichnis aufgebaut? Was findest du im Sachwortverzeichnis?

b Probiere das mit folgenden Stichwörtern aus:

Texte überarbeiten, Einprägeverfahren, mündliches Erzählen, Mindmap

c Du willst dich noch einmal über die folgenden Themen informieren. In welchem Verzeichnis würdest du nachschauen? Welche Stichwörter würdest du suchen?

Vorgangsbeschreibung; Möglichkeiten, allein schwierige Wörter zu üben; Satzbau und Zeichensetzung; Ideen, wie man Geschichten schreiben kann

Im Internet Informationen suchen

 Das **Internet** ist ein weltweites Netz von Computern. Mit seiner Hilfe kannst du dir Informationen über die verschiedensten Wissensgebiete besorgen. Zu diesem Zweck „surfst" du im **World Wide Web** (www), indem du verschiedene Internetseiten aufrufst.
Eine **Suchmaschine** erleichtert dir die Suche nach den richtigen Informationen. Du musst nur geeignete Suchwörter eingeben und auf „Suchen" klicken.
Suchmaschinen für Kinder sind z. B. *http://www.blinde-kuh.de* oder *http://www.spielstrasse.de*

1 Gib die Adressen der beiden Suchmaschinen nacheinander in die Adressleiste des Internetfensters ein.
Beschreibe den Aufbau der Internetseiten, die sich öffnen. Lies dir auch die Erklärungen durch, die sie enthalten.

Im Internet Informationen suchen

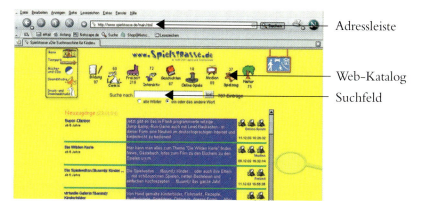

Adressleiste
Web-Katalog
Suchfeld

2 a Überlege, welchen Suchbegriff du am besten verwendest, wenn du im Internet sächsische Orts- und Heimatsagen lesen willst.

   b Gib deinen Suchbegriff in das Eingabefeld der Suchmaschine ein und klicke auf „Suchen" bzw. „Los".

   c Beschreibe, was nun passiert. Wie viele Ergebnisse haben beide Suchmaschinen gefunden? Suche dir das Ergebnis heraus, das deiner Meinung nach am besten zur gesuchten Information passt, und klicke es an. Findest du das von dir Erwartete?

3 Viele Suchmaschinen bieten auch Web-Kataloge an. Das sind Sammlungen von Internetadressen, die bereits nach bestimmten Themen oder Sachgebieten sortiert sind.

   a Geh auf die Seite der Suchmaschine http://www.spielstrasse.de, dort findest du viele Katalogeinträge. Die Zahl neben den Symbolen zeigt dir an, wie viele Adressen zu einem Gebiet gefunden wurden. Klicke auf das Feld „Geschichten". Überprüfe, ob du in diesem Katalog auch Informationen zu Orts- und Heimatsagen findest.

   b Welcher Weg brachte dich schneller zur gewünschten Information – der über die Suchmaschine oder der über den Web-Katalog?

4 Auch über deinen Heimatort oder deine Heimatregion kannst du Informationen im Internet finden. Nutze eine andere Suchmaschine, z. B. http://www.google.de oder http://www.yahoo.com. Gib in das Suchfeld den Namen deiner Heimatregion ein.

   a Welche der gefundenen Internetadressen sind hilfreich für dich? Schreibe sie auf.

   b Informiere dich, wann bestimmte Einrichtungen, z. B. Hallenbäder, Schwimmbäder, Museen oder Ähnliches, geöffnet sind.

   c Was erfährst du noch auf den Internetseiten deines Heimatortes oder deiner Heimatregion? Tauscht euch darüber aus.

Einen Text überarbeiten

1 Bei eurer Arbeit am Abschnitt „Erzählen" (S. 25–39) habt ihr sicher gemerkt, dass es viel Spaß machen kann, Geschichten zu schreiben, dass das oft aber auch eine richtig anstrengende Arbeit ist.

Vielleicht habt ihr ja schon einmal gehört, dass Menschen, die in ihrem Beruf viel schreiben, z. B. Schriftsteller oder Journalisten, oft lange an ihren Texten arbeiten. Bevor etwas gedruckt wird, ist es meist mehrmals umformuliert, kontrolliert und korrigiert worden. Warum ist das wohl so?

> Wenn ein **Text** – eine Erzählung, eine Beschreibung – besonders gut werden soll, musst du deinen Entwurf gründlich **überarbeiten**. Zum Glück ist es dabei nicht nur erlaubt, Pausen einzulegen, sondern du musst sogar Pausen machen.
> Am besten ist es, wenn du einen Text an verschiedenen Tagen überarbeitest.

2 Die Schülerinnen und Schüler der Klasse 5 c möchten ihren Eltern zu Weihnachten gern ein Buch mit selbst geschriebenen Geschichten schenken. Sie haben ihr Buch „Das Zaubersalz" genannt und jeder hat sich eine passende Geschichte dafür ausgedacht und aufgeschrieben.

a Die folgende Geschichte hat Florian erfunden. Gefällt sie dir? Was findest du gut, was gefällt dir weniger oder gar nicht?

Zaubersalz

Eines Tages probierte der Zaubermeister Professor Kriedelnutz ein Experiment aus, in dem er eine Mischung aus Kröten, Spinnen, Schlamm und Hundedreck
5 herstellte. Er wollte Verkleinerungssalz brauen. Seine genaue Arbeitszeit betrug bereits 101 Jahre, zehn Monate, fünf Wochen, einen Tag und Stunden.
Er muss das Zaubersalz nur noch zur
10 Oberhexe Gribbelwarze bringen. Er flog also los und flog über einen Schulhof. Genau über dem Schulhof muste Professor Kriedelnutz nießen und er verlor sein Zaubersalz, ohne es zu merken. Ein Junge
15 rief unten: „Es schneit!" Aber der Professor hörte ihn nicht. Alle Kinder lachten über den Jungen. Alle Lehrer lachten auch, denn es war Sommer. Aber ein
20 Mädchen lacht nicht, denn als sie in ihr Frühstücksbrot biss, wurde sie ganz klein.
25 Inzwischen war Professor Kriedelnutz bei Oberhexe Gribbelwarze angekommen. Er bemerkte erst jetzt, dass er sein Zaubersalz verlohren
30 hatte. Weil er aber die Zauberformel auch verloren hatte und nun nicht mehr wusste, brauen er und die Oberhexe bis heute noch an diesem Zaubersalz.

Einen Text überarbeiten | 71

b Lies die Geschichte noch einmal. Kennzeichne dabei alles, was deiner Meinung nach geändert werden müsste.
Wenn du im Buch arbeiten möchtest, leg eine Folie auf.

Mach es wie die Profis. Benutze immer die gleichen Korrekturzeichen, z. B. diese:

V	Hier fehlt etwas.
W	für nicht passende Wortwahl
WW	für Wortwiederholungen
S	für Fehler im Satzbau
Z	für falsche Zeitform
|	für Rechtschreib- und Zeichensetzungsfehler

Achtung, aufgepasst!

Den Inhalt überarbeiten

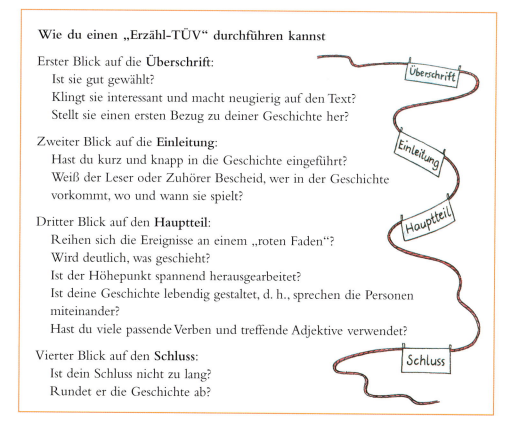

Wie du einen „Erzähl-TÜV" durchführen kannst

Erster Blick auf die **Überschrift**:
   Ist sie gut gewählt?
   Klingt sie interessant und macht neugierig auf den Text?
   Stellt sie einen ersten Bezug zu deiner Geschichte her?

Zweiter Blick auf die **Einleitung**:
   Hast du kurz und knapp in die Geschichte eingeführt?
   Weiß der Leser oder Zuhörer Bescheid, wer in der Geschichte vorkommt, wo und wann sie spielt?

Dritter Blick auf den **Hauptteil**:
   Reihen sich die Ereignisse an einem „roten Faden"?
   Wird deutlich, was geschieht?
   Ist der Höhepunkt spannend herausgearbeitet?
   Ist deine Geschichte lebendig gestaltet, d. h., sprechen die Personen miteinander?
   Hast du viele passende Verben und treffende Adjektive verwendet?

Vierter Blick auf den **Schluss**:
   Ist dein Schluss nicht zu lang?
   Rundet er die Geschichte ab?

Einen Text überarbeiten

3 Sicher stimmst du zu, dass Florian seinen Text (Aufgabe 2 a) noch überarbeiten muss, wenn er in das Buch aufgenommen werden soll.

➡ S. 33–37: *Eine Geschichte erfinden.*

Sieh dir den Anfang von Florians Geschichte genau an. Kannst du dir einen anderen, vielleicht sogar noch besseren Anfang vorstellen? Tauscht eure Ansichten darüber aus. Hilf Florian und gib ihm Tipps, wie er die Einleitung besser schreiben könnte.

➡ S. 71: *Erzähl-TÜV.*

4 a Lies Florians Text noch einmal und überprüfe den Hauptteil seiner Geschichte. Sind die Ereignisse folgerichtig beschrieben? Wird deutlich, was geschieht?

b An welchen Stellen sollte Florian anschaulicher und ausführlicher werden, damit man seine Geschichte besser versteht?

Überlege, was du Florian gern fragen möchtest. So kannst du feststellen, was er genauer und ausführlicher erzählen müsste.

5 Du weißt, dass eine Geschichte lebendiger wird, wenn man erfährt, was die Figuren sagen, denken oder fühlen.

a Versuch einmal, Florians Geschichte lebendiger und vielleicht auch lustiger zu gestalten, indem du da, wo es möglich und sinnvoll ist, wörtliche Rede einbaust.

➡ S. 109–111: *Zeichensetzung bei der direkten (wörtlichen) Rede.*

b Überlege, wie sich einzelne Figuren in Florians Geschichte fühlen könnten. Beantworte z. B. folgende Fragen und baue die Antworten in den Text ein:

– Wie fühlte sich der Professor, als er losflog?
– Was könnte der Professor gefühlt haben, als er merkte, dass er das Zaubersalz verloren hatte?

c Stellt eure Ergebnisse in der Klasse vor und entscheidet, welche ihr aufnehmen würdet.

➡ S. 77–79: *Eine Schreibkonferenz durchführen.*

6 Auch der Schluss einer Geschichte ist sehr wichtig. Er kann z. B. glücklich, traurig, lustig oder überraschend sein. Es kann aber auch dem Leser überlassen bleiben, sich Gedanken über den Ausgang einer Geschichte zu machen.
Wie gefällt dir das Ende von Florians Geschichte? Hast du eine andere Idee?
Sprecht über eure Vorschläge.

Den Inhalt überarbeiten / Die Wortwahl überprüfen

7 Florian nennt seine Geschichte „Zaubersalz". Wie gefällt euch das?
Wie wär 's mit einer anderen Überschrift? Sammelt in der Klasse Vorschläge und entscheidet euch gemeinsam für einen davon.

→ S. 33: *Brainstorming*.

Die Wortwahl überprüfen

8 Wie bewertest du die Wortwahl in Florians Text? Was gefällt dir daran?
Was würdest du anders machen? Kannst du deine Meinung auch begründen?

9 a Leg eine Folie über den Text und kreise alle Wörter ein, die Florian mehrmals verwendet hat.

b Schau dir nun die Wörter genau an, die in Florians Text öfter vorkommen. Überlege bei jedem, ob die Wiederholung des Wortes sinnvoll oder sogar gut und wichtig ist. Welche der Wörter würdest du stehen lassen, welche würdest du ersetzen? Warum?

→ S. 144–145: *Wortfelder*.

c Florian hat in seinem Text gleich dreimal hintereinander das Wort *lachen* verwendet. Wie könnte er das ändern? Nimm das folgende Worträtsel zu Hilfe.

10 Der passende und richtige Gebrauch von Verben ist wichtig beim Schreiben einer Geschichte.

a Zweimal hat Florian nicht aufgepasst und eine falsche Zeitform verwendet. Findest du die Verben? Wie muss die richtige Zeitform heißen?

b An manchen Stellen könnte Florian andere Verben benutzen, z. B. für *müssen* und *verlieren*. Leg deine Folie auf den Text und unterstreiche alle Formen von *müssen* und *verlieren*.

c Sieh dir nun die folgenden Beispiele an und überlege, welche Verben Florian für seine Geschichte gebrauchen könnte. Probiere aus, in welchen Satz ein Verb aus dem Wortfeld gut passen würde.

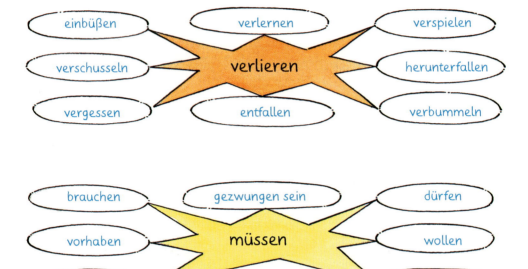

d Stellt eure Veränderungen in der Klasse vor und bewertet sie gemeinsam.

11 Auch durch die Verwendung passender Adjektive kannst du einen Text anschaulich gestalten, sodass sich der Leser oder Zuhörer bestimmte Situationen oder Personen gut vorstellen kann.
Schau dir einmal die folgenden Vorschläge an und probiere aus, ob du sie in Florians Geschichte einsetzen könntest.
Du kannst natürlich auch eigene Beispiele wählen.

der *frisch gebackene* Zaubermeister
ein *ziemlich seltsames* Experiment
eine *fürchterliche* Mischung
das *seltene* Zaubersalz
die *alte* Oberhexe
der *verträumte* Professor
die *verflixte* Zauberformel

Die Sätze kontrollieren

12 a Lies jeden Satz aus Florians Geschichte einzeln. Prüfe, ob er vollständig und verständlich ist. Achte auch auf die Satzschlusszeichen und die Kommasetzung.
Welche Korrekturen sind notwendig?

b Probiere aus, ob die Geschichte spannender wird, wenn du an einigen Stellen einen Frage- oder Ausrufesatz einbaust.
Du kannst dich auch mit deiner Nachbarin / deinem Nachbarn beraten.

 S. 93–95: *Satzarten und ihre Satzschlusszeichen.*
S. 105–108: *Bau des zusammengesetzten Satzes.*

13 a Lies Florians gesamten Text halblaut und achte darauf, ob die Sätze gut zueinander passen. Achte besonders auf die Satzanfänge.

Schreibe alle Satzanfänge untereinander. Dabei merkst du sofort, wenn zu viele gleiche oder ähnliche Satzanfänge im Text enthalten sind.

b Überlege, welche der folgenden Satzanfänge für Florians Text geeignet sind.
Probiere einige aus.

Schließlich … / Endlich … / Zuletzt … / Immerhin … / Warum aber … /
Plötzlich … / Manchmal … / Nachdem … / Bevor … / Beinahe … / Außerdem … /
Vor allem … / Ganz langsam … / Sehr zufrieden … / Kaum zu glauben war, dass …

> Durch **Umstellen von Satzteilen** lässt sich manchmal die Verknüpfung der Sätze verbessern. Außerdem kannst du das Wichtigste in einem Satz betonen, indem du es an den Anfang stellst.
>
> S. 96: *Umstellprobe.*

14 In den folgenden Sätzen sollte Florian bestimmte Teile umstellen. Vervollständige die Beispiele und setze die veränderten Sätze in Florians Text ein. Nutze dazu die Folie.

(1) Er flog <u>also</u> los und flog über einen Schulhof. –
<u>Also</u> flog er los und flog über einen Schulhof.
(2) Ein Junge rief <u>unten</u>: … –
<u>Unten</u> rief ein Junge: …
(3) Alle Lehrer lachten <u>auch</u>, … –
(4) Er bemerkte <u>erst jetzt</u>, dass … –

Liest sich die Geschichte jetzt besser?
Tauscht eure Meinungen darüber aus.

Einen Text überarbeiten

Die Rechtschreibung korrigieren

15 Lies Florians Text Wort für Wort. Achte jetzt nicht auf den Inhalt, sondern konzentriere dich auf die Schreibung der einzelnen Wörter.
Entdeckst du Fehler? Leg deine Folie auf und korrigiere sauber und deutlich.
Markiere oder notiere die Wörter, bei denen du unsicher bist. Schlage diese Wörter in einem Rechtschreibwörterbuch nach.

Wenn es dir schwer fällt, Fehler zu entdecken, beginne beim Lesen am Schluss des Textes und lies ihn rückwärts Wort für Wort.
Übrigens, Florian hat drei Rechtschreibfehler gemacht.

Wie du beim Überarbeiten eines Textes vorgehen solltest

1. Nach dem Schreiben des Entwurfs mach auf jeden Fall eine Pause, am besten eine längere. Beschäftige dich mit etwas anderem. Denk nicht an deinen Text.

2. Bevor du mit dem Überarbeiten beginnst, mach dir klar, welche Anforderungen dein Text erfüllen soll. Frage dich, für wen, warum und was du schreiben wolltest oder solltest.

3. Lies jetzt deinen Textentwurf wie ein Fremder, am besten halblaut.
Frage dich zunächst nur: Ist die Schreibidee gut? Wie liest sich der Text?

4. Danach beginne deinen Entwurf gründlich zu überarbeiten.
   – Überarbeite den Inhalt.
   – Überprüfe die Wortwahl.
   – Kontrolliere die Sätze.
   – Korrigiere die Rechtschreibung.

5. Schreibe die Endfassung erst auf, wenn du mit deinem Text zufrieden bist.

Übersichtlichkeit ist sehr wichtig beim Überarbeiten von Texten. Lass schon beim Schreiben des Entwurfs Platz für Ergänzungen und Korrekturen. Zum Beispiel solltest du das Blatt nur auf einer Seite beschreiben und einen breiten Rand lassen. Oder du lässt zwischen den Zeilen ausreichend Platz zum Verbessern.

16 Besonders gut lassen sich Texte am Computer überarbeiten. Kannst du dir denken, warum?

17 Denke dir nun selbst „magische" Überschriften aus. Schreibe zu einer dieser Überschriften eine passende „zauberhafte" Geschichte. Überarbeite deinen Text wie im Rahmen oben vorgeschlagen. Schreibe danach deine Geschichte noch einmal sauber ab.

Eine Schreibkonferenz durchführen

18 Texte gemeinsam zu überarbeiten macht Spaß und bringt dir viele nützliche Hinweise von deinen Mitschülerinnen und Mitschülern.

> In einer **Schreibkonferenz** setzt ihr euch in Gruppen zusammen und besprecht gemeinsam, welche Stärken und Schwächen ein Text hat und welche Verbesserungsvorschläge ihr machen könnt.

19 a Seht euch die folgenden Regeln für eine Schreibkonferenz an und begründet, warum man sie unbedingt einhalten sollte.

- Jeder Text wird sachlich bewertet.
- Zuerst werden immer die Stärken des Textes genannt.
- Bei Kritik werden immer Verbesserungsvorschläge gemacht.
- Am Ende entscheidet jede Autorin und jeder Autor selbst, welche Veränderungen sie oder er vornehmen möchte.
- Alle hören aufmerksam zu und lassen die anderen ausreden.
- Jede/Jeder geht auf Gesagtes ein und es wird darüber diskutiert.
- Jede Meinung wird begründet.

b Überlegt, ob ihr noch weitere Regeln ergänzen wollt.

20 Einige Ideen und Anleitungen, gemeinsam an Texten zu arbeiten, findet ihr auf den abgebildeten Karteikarten auf der folgenden Seite. Leider sind sie etwas durcheinander geraten.

a Lest die einzelnen Aufgaben und Anleitungen genau durch und besprecht, in welcher Reihenfolge ihr vorgehen könnt. Beachtet dabei, was ihr beim Überarbeiten eines Textes bereits gelernt habt.

b Jede Gruppe überträgt die Aufgaben und Ideen auf „echte" Karteikarten. Ihr könnt sie bei jeder Schreibkonferenz einsetzen und durch weitere Karteikarten ergänzen.

Einen Text überarbeiten

Inhalt
Was könnte man ergänzen?
Was müsste man streichen?
Vergleicht eure Vorschläge und nehmt alle guten Ideen auf.

Einleitung und Schluss
Jeder schreibt eine andere Einleitung oder einen anderen Schluss.
Einigt euch auf die beste Variante.

Schreibaufgabe
Warum und für wen ist der Text geschrieben?
Hat der Autor die richtige Form gewählt? Welche würde besser passen?

Wortwahl
Welche Wörter müssten ersetzt werden? Sammelt Ersatzwörter. Hat der Autor treffende Verben und Adjektive gefunden?

Rechtschreibung / Zeichensetzung
Kontrolliert sorgfältig jeden Satz.
Korrigiert gegebenenfalls die Fehler.

Sätze
Sind die Satzanfänge abwechslungsreich formuliert?
Sind alle Sätze vollständig?
Notiert Verbesserungsvorschläge.

Leserunde
Lest den Text vor. Jeder muss einmal lesen.
Macht euch beim Zuhören Notizen zu allem, was euch auffällt.
Vergleicht eure Notizen:
Was sollte überarbeitet werden?

Haltet bei der **Schreibkonferenz** folgende Schritte ein:

1. Arbeitet in Gruppen von drei bis vier Schülern. Legt ein Nachschlagewerk bereit.
2. Ein Schüler aus der Gruppe liest seinen Text vor. Die anderen hören aufmerksam zu. Besser lässt es sich arbeiten, wenn jedem eine Kopie des Textes vorliegt.
3. Die anderen Schüler in der Gruppe sagen, was ihnen am Text gefallen hat, oder stellen Fragen, wenn ihnen etwas unklar ist.
4. Nun besprecht ihr den Text Satz für Satz. Jeder Einzelne in der Gruppe ist Spezialist für ein bestimmtes Gestaltungselement.
5. Überarbeitet nun euren Text. Achtet auf Fehlerlosigkeit. Schreibt ihn sauber ab.

 Es gibt viele Möglichkeiten, die fertigen Texte in der Klasse vorzustellen. Ihr könnt sie vorlesen, in einem Geschichtenbuch veröffentlichen, auf ein schön gestaltetes Plakat kleben oder auch auf Kassette aufnehmen.

21 Probiert nun eine solche Schreibkonferenz einmal aus.

Marie hat zu einer Bildgeschichte einen Text geschrieben. Führt eine Schreibkonferenz durch und notiert euch eure überarbeitete Variante. Stellt die Ergebnisse eurer Arbeit anschließend in der Klasse vor.

Paul und Martha fuhren mit dem Fahrrad zum Schwimmbad. Als sie angekommen waren, rannte Paul gleich ins Schwimmbad, ohne sein Fahrrad anzuschließen. Aber Martha schloss ihr Fahrrad an. Martha sagte im Schwimmbad noch: „Paul, schließ dein Fahrrad an." Aber Paul antwortete: „Das ist Zeitverschwendung." Als Paul nach Hause musste, entdeckte er, dass sein Fahrrad weg war. So rief er: „Mein Fahrrad!"

22 Natürlich könnt ihr auch eigene Textentwürfe gemeinsam überarbeiten. Einigt euch, wer seinen Text als Erster in der Gruppe vorliest.

Ihr könnt auch anonym (also unerkannt) bleiben. Werft dazu alle Entwürfe (ohne Namen, nur mit einer Nummer versehen) in einen Karton. Mischt sie gut durcheinander. Danach zieht jede Gruppe einen Text, überarbeitet ihn und schreibt die Hinweise an die Autorin oder den Autor übersichtlich auf einen Extrazettel.
Wenn alle Texte auf diese Weise durchgesehen sind, nimmt sich jeder seinen eigenen Text zurück und schreibt die Endfassung.

Einen Kurzvortrag halten

1 Lies den Text nach der 5-Gang-Lesetechnik. Lege zum Markieren eine Folie auf.

➡ S. 60: *5-Gang-Lesetechnik.*

Das Elbsandsteingebirge

Elbaufwärts, 35 Kilometer von Dresden entfernt, liegt ein reizvolles Gebirge mit herrlichen Aussichtspunkten, Felsen und Schluchten. Seit etwa 200 Jahren trägt es zwei Namen: Elbsandsteingebirge oder auch Sächsische Schweiz, weil die abwechslungsreiche Bergwelt einst Maler aus der Schweiz an ihre Heimat erinnerte.

Bauten aus Elbsandstein finden wir in ganz Europa: das Schloss in Kopenhagen, der Hauptstadt Dänemarks, das Brandenburger Tor in Berlin, den Dresdner Zwinger und den Meißner Dom. Seit etwa 450 Jahren wird im Elbsandsteingebirge Sandstein abgebaut. Die natürlichen Risse und Spalten nutzend, wird der Sandstein in großen Blöcken aus der Wand gebrochen.

Durch seine reizvolle Landschaft ist das Elbsandsteingebirge bei den Bergsteigern und Wanderfreunden allseits beliebt. 1200 Kilometer markierte und gesicherte Wanderwege führen durch die Felsenwelt. Seit über 125 Jahren wird das Felsenklettern betrieben. Geübte Bergsteiger können auf über 9000 Wegen 1088 Gipfel erklimmen und sich in das Gipfelbuch eintragen.

2 Die Touristen besuchen in der Sächsischen Schweiz verschiedene Ausflugsziele. Schaut euch die Tabelle an. Wo waren die meisten Besucher? Was kann man noch auswerten?

Sehenswürdigkeit	2000	2001	2003
Burg Stolpen	156 881	142 507	120 764
Festung Königstein	649 021	610 879	504 930
Schloss Weesenstein	79 500	100 800	62 651

3 Bereite einen Kurzvortrag über das Elbsandsteingebirge vor.

a Schreibe zu jedem Abschnitt des Textes (Aufgabe 1) Stichpunkte auf Kärtchen.

1. Name und Lage
– elbaufwärts, 35 km von Dresden entfernt
– ...

2. Bauwerke aus Sandstein
– ...

3. Kletter- und Wanderparadies
– ...

b Übe deinen Kurzvortrag mit einem Lernpartner. Sprich deutlich und schau nur ab und zu auf deine Kärtchen.

c Zeige während deines Vortrags Fotos, Landkarten oder anderes Anschauungsmaterial.

4 Lies den folgenden Text. Berichte deinen Mitschülerinnen und Mitschülern anschließend in einem Kurzvortrag von Muschelabdrücken im Fels und wie sie entstanden sind. Erkläre, warum das Elbsandsteingebirge geschützt werden muss.

Wer mit offenen Augen durch das Elbsandsteingebirge wandert, kann auch heute noch Muschelabdrücke im Fels finden. Sie sind zu Stein gewordene Zeugen der Entstehung dieses Gebirges. Wie bereits der Name Elbsandsteingebirge verrät, besteht das Gebirge aus Sandstein. Dieser entstand zu einer Zeit, da das Gebiet des heutigen Elbsandsteingebirges von einem Meeresarm bedeckt war. Auf dem Grund des Meeres lagerten sich mächtige Schichten von Sand und Schlick ab, den Flüsse aus dem Gebiet des heutigen Erzgebirges und der Lausitz herantransportierten. Die gewaltigen Sandmassen und der Schlick wurden unter Druck zu Sandstein verkittet.

Wer aber schuf aus der bis zu 400 Meter mächtigen Sandsteintafel die Tafelberge, Kletterfelsen und tiefen Schluchten?

Die Sandsteintafel wurde durch Bewegung in der Erdkruste langsam gehoben. Dabei schnitten sich die Elbe und andere Flüsse tief ein. Es entstanden enge, steilwandige Täler. Durch Wind, Wasser und Frost wurde der Sandstein zertrümmert und zerklüftet. Nur die härtesten Teile der Sandsteintafel blieben bis heute als Tafelberge und Felstürme erhalten.

Durch die steigende Touristenzahl ist das kleine Elbsandsteingebirge zunehmend bedroht. Seltene Pflanzen werden vernichtet, Tiere gestört und die Felsen beschädigt. Seit 1956 ist dieses Gebirge deshalb Landschaftsschutzgebiet. Das Basteigebiet und andere Teile wurden zu Naturschutzgebieten erklärt. Bei einer Wanderung durch die „Gründe" oder auf die „Steine" dürfen die markierten Wanderwege nicht verlassen werden. Das Felsklettern ist nur organisierten Bergsteigern erlaubt. Um den Schutz des Elbsandsteingebirges umfassend gestalten zu können, wurde 1991 ein Drittel seiner Fläche zum Nationalpark erklärt.

So kannst du **Kurzvorträge** vorbereiten:

1. **Lies** den Text oder die Texte **genau**. Kläre Fachbegriffe.
2. Mach dir **Stichpunkte** zu den wichtigsten Informationen.
3. **Übe** den Kurzvortrag mit einem Lernpartner. Sprich möglichst mit eigenen Worten.
4. Halte den Kurzvortrag in der Klasse. Lege vorher Plakate, Fotos oder andere **Anschauungsmaterialien** bereit.

Über Sprache nachdenken

Eine Reise in die Geschichte unserer Namen

Wie wir gerufen werden

1 Weißt du, warum du deinen Namen bekommen hast? Und weißt du auch, was er bedeutet? Tauscht euch darüber aus.

2a Wird dein Name in dem folgenden Text erwähnt? Vielleicht als Kurzform?

> Vor mehr als tausend Jahren, als das Jagen und Kämpfen die Hauptarbeit der Menschen war, gaben sie sich die Namen von starken Tieren oder Namen, die mit Jagd und Kampf zusammenhingen. Damit drückten die Eltern den Wunsch aus, dass ihre Kinder kräftig und tapfer werden sollten, um sich im Kampf zu bewähren.
> 5 Aus Tierbezeichnungen gingen z. B. Namen wie *Eberhard*, *Wolfgang*, *Wolfhard* oder *Bernhard*, *Benno* (von „Bär") hervor.
> Die Namen *Hildegund*, *Gunhilt* oder *Hedwig* sind aus Wörtern entstanden, die mit Kampf zusammenhängen (von *gund*, *hilt*, *wig* „Kampf").
> Namen wie *Hartmut*, *Willibald* oder *Ferdinand* deuten auf Kühnheit hin (von *hart*,
> 10 *bald*, *nand* „kühn").
> Und in *Gertrud* oder *Gerhard* steckt das Wort „Speer" (*ger*).
> Zu vielen dieser Namen wurden Kurzformen gebildet wie *Wolf* oder *Gerd*.
> Eine große Zahl von Vornamen wurde durch die Bibel bekannt. Sie stammen aus dem Hebräischen, dem Griechischen und dem Lateinischen. Solche Namen sind z. B.
> 15 *Elisabeth*, *Dorothea*, *Barbara*, *Margarete*, *Beate*; *Matthias*, *Michael*, *Andreas*, *Martin*, *Georg*.

b Sicher hat der Text so manche eurer Fragen beantwortet. Tragt mündlich zusammen, was ihr über die Herkunft und die Bedeutung von Vornamen gelernt habt.

3 Viele unserer Vornamen sind aus anderen Sprachen übernommen worden und dieser Vorgang dauert auch in der Gegenwart noch an:

– aus dem Französischen: Nicole, Ivonne; Marcel, René,
– aus dem Englischen: Mandy, Peggy; Mike, Tom,
– aus dem Nordeuropäischen: Kerstin, Karen; Sven, Torsten,
– aus dem Italienischen: Marina, Rita; Mario, Marco,
– aus dem Spanischen: Ines, Ramona; Carlos, Pedro,
– aus slawischen Sprachen: Katja, Tanja; Boris, Jan.

Wer von euch hat einen Vornamen, der aus einer anderen Sprache stammt?

Wie wir gerufen werden

4 Es gibt Bücher, in denen du Herkunft und Bedeutung von Namen nachschlagen kannst.

a Schau dir einmal die folgenden Beispiele aus so einem Vornamenbuch genau an.
Was kannst du alles daraus entnehmen?

Weibliche Vornamen

Helga, nord. *heill* „heil, gesund"
Henni, **-y**, KF von *Henrike*
Henriette, frz., weibl. Form zu *Henri*
Hildegard, ahd. *hiltia* „Kampf"
    und *gart* „Garten, Gehege"
Hildrun, ahd. *hiltia* „Kampf"
    und *runa* „Geheimnis, Zauber"

Männliche Vornamen

Hartmann, ahd. *harti* „hart, stark"
    und *man* „Mensch, (Ehe)mann"
Hartwig, ahd. *harti* „hart, stark"
    und *wig* „Kampf"
Hein(er), **Heini**, **Heino**, KF von *Heinrich*
Heinrich, ahd. *hagan* „Verhau, Umhegung"
    oder *heim* „Heim, Haus"
    und *rihhi* „mächtig; Herrscher"
Heinzpeter, DN aus *Heinz* und *Peter*

Erklärungen:

ahd. = althochdeutsch
frz. = französisch
nord. = nordisch
DN = Doppelname
KF = Kurzform

b *Hartmann* und *Hartwig* sind sehr alte Namen.
Welche Bedeutung haben sie?
Welche Wünsche werden mit diesen Namen
zum Ausdruck gebracht?

c Sind noch andere Namen aufgeführt, mit denen Wünsche ausgedrückt werden?

d Unter den Beispielen findest du je eine Kurzform und einen Doppelnamen. Nenne sie.
Welche Kurzformen und welche Doppelnamen gibt es in deiner Klasse, in deiner
Familie oder in deinem Freundeskreis?

e Spitznamen sind in dem Vornamenbuch nicht verzeichnet.
Aber sicher werden auch in eurer Klasse welche verwendet.
Wie und wann sind sie entstanden?
Findest du Spitznamen gut?
Kannst du deine Meinung begründen?

5 Wenn ihr Lust habt, weitere Informationen über eure Vornamen einzuholen, solltet ihr einen Besuch in der Bibliothek organisieren. Meldet euch telefonisch oder persönlich an und fragt nach, welche Nachschlagewerke zu eurem Thema vorhanden sind. Folgende Untersuchungen können zu interessanten Ergebnissen führen:

(1) Herkunft und Bedeutung meines eigenen Vornamens
(2) Herkunft und Bedeutung der Vornamen meiner Geschwister, Eltern und Großeltern
(3) Wie viele Vornamen gibt es in unserer Klasse, die aus fremden Sprachen stammen? Aus welchen?
(4) Welche Paare verwandter Namen, wie *Ulrike* und *Ulrich* oder *Michaela* und *Michael*, gibt es noch?

Bestimmt fallen euch noch weitere Fragen ein.
Verteilt die Aufgaben so, dass jeder von euch etwas herausfinden muss.
Die interessantesten Ergebnisse solltet ihr an der Pinnwand veröffentlichen.

Woher unsere Familiennamen stammen

6 a Überlegt gemeinsam:

(1) Welche eurer Familiennamen sind wahrscheinlich aus Berufsbezeichnungen entstanden?
(2) Gibt es unter euren Familiennamen solche, die auch als Vornamen verwendet werden?
(3) Welche eurer Familiennamen verraten besondere Eigenschaften des ersten Trägers dieses Namens?
(4) Gibt es bei euch Namen wie *Berg, Walden, Brunner, Brück, Sachse, Beyer*? Wie könnten sie entstanden sein?

b Welche eurer Namen lassen sich in diese Tabelle einordnen?

Herkunft von Familiennamen

Beruf	Vorname	Eigenschaft	Wohnort / Herkunft

c Übertrage die Tabelle in dein Heft. Ordne die folgenden Namen ein.
Füge anschließend noch je drei Beispiele hinzu.

Fischer, Arnold, Breithaupt, Bayreuther, Bauer, Busch, Braun, Langnese, Anger, Müller, Werner, Bamberger, Walter, Berg, Winzer, Friedrich, Becker, Ehrlich, Koch, Kraushaar, Schäfer, Kluge, Schütze, Lange, Günther

7 Schau einmal im Telefonbuch nach, welche Familiennamen in deinem Heimatort oder in seiner Umgebung besonders häufig vorkommen. Kannst du ihre Herkunft erklären?

Woher unsere Familiennamen stammen / Was uns Orts- und Flurnamen sagen

> Bis zum 12. Jahrhundert hatte jeder nur einen Namen, seinen **Rufnamen**. In den kleinen Gemeinschaften reichte er aus, um die Menschen voneinander unterscheiden zu können.
> Als sich die Siedlungen der Menschen vergrößerten, vor allem als Städte entstanden, genügte der Rufname nicht mehr. Wenn in einer Stadt z. B. mehrere Männer *Joseph* hießen, musste man sie durch einen weiteren Namen, einen Beinamen, voneinander unterscheiden. Aus diesem Beinamen entwickelte sich der **Familienname**, da die Eltern ihren Kindern diesen Namen vererbten.
> Als Beiname diente oft der Beruf (z. B. *Fischer, Schneider, Förster*) oder eine besonders ausgeprägte Eigenschaft (z. B. *Starke, Kühn, Groß*).
> Auch Rufnamen wurden als Beinamen verwendet (z. B. *Heinrich, Peter, Wenzel*).
> Oft erhielten Menschen ihren Beinamen nach ihrer Herkunft oder ihrem Wohnort (z. B. *Sachse, Beier; Bach, Feldmann*).

8 Manche Familiennamen haben sich im Lauf der Zeit sehr verändert. So gehen z. B. die Namen *Matthies, Thewes, Mattausch* und *Mathes* alle auf den Rufnamen *Matthäus* zurück.

Die folgenden Familiennamen gehen auf die Rufnamen *Johannes, Heinrich, Nikolaus* oder *Albrecht* zurück. Versucht sie gemeinsam richtig zuzuordnen.

Clauß	Janz	Albert	Heinicke	Heine	Niklas	Brecht	Jahn
John	Hans	Nickel	Hansen	Hensel	Nikusch	Jahnel	Hinze
Heinig	Appelt	Jänichen	Ulbricht	Heinze	Olbrich	Klaus	Jenz

Was uns Orts- und Flurnamen sagen

9a Stellt gemeinsam eine Liste mit Ortsnamen aus eurer Umgebung zusammen. Nehmt eine Karte zu Hilfe.

b Welche Ortsnamen in eurer Liste könnt ihr erklären? Welche nicht? Markiert sie unterschiedlich.

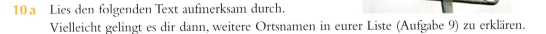

10a Lies den folgenden Text aufmerksam durch.
Vielleicht gelingt es dir dann, weitere Ortsnamen in eurer Liste (Aufgabe 9) zu erklären.

> **Ortsnamen** – das sind Namen von Dörfern und Städten – sind mit der Besiedlung des Landes entstanden. Sie sind oft schon sehr alt.
> Die meisten Ortsnamen im heutigen deutschen Sprachraum sind germanischer oder deutscher Herkunft.

5 Ortsnamen sind oft Zusammensetzungen aus Grund- und Bestimmungswort, z. B.:

Bestimmungswort	+	Grundwort	=	Ortsname
Anna	+	*berg*	=	*Annaberg*
Frank	+	*furt*	=	*Frankfurt*

Häufig verwendete Bestimmungswörter: Häufig verwendete Grundwörter:

10 Personennamen, z. B. *Anna*berg, -*berg*, z. B. Schwarzen*berg*,
Stammesnamen, z. B. *Frank*furt, -*dorf*, z. B. Hartmanns*dorf*,
Tierbezeichnungen, z. B. *Ebers*bach, -*heim*, z. B. Wald*heim*,
Planzenbezeichnungen, z. B. *Espen*hain, -*rode*, z. B. Beil*rode*,
Flussnamen, z. B. *Spree*tal. -*stadt*, z. B. Bern*stadt*.

15 Aber nicht alle unsere Ortsnamen gehen auf das Germanische oder das Deutsche zurück. Im Osten des deutschen Sprachraums gibt es eine größere Anzahl von Ortsnamen, die slawischen Ursprungs sind. Man kann sie oft an den Endungen *-ow* (Hagen*ow*), *-au* (Torg*au*), *-in* (Berl*in*) oder auch *-itz* (Chemn*itz*) erkennen. Im Süden und Westen tragen eine Reihe von Orten Namen, die auf Ortsgrün-
20 dungen in der Römerzeit zurückgehen, z. B. *Köln* und *Koblenz*.

b Welche Ortsnamen in eurer Liste kannst du, nachdem du den Text gelesen hast, erklären?

c Schau dir noch einmal die im Text aufgeführten Grundwörter an. Kannst du sagen, was sie bedeuten?
Fallen dir noch weitere Grundwörter ein, die in vielen Ortsnamen vorkommen?

➡ S. 134–137: *Zusammengesetzte Substantive*. Lies noch einmal nach, was dort gesagt wird.

d Schreibt Ortsnamen mit den Grundwörtern *-werder, -stedt, -rode, -hof* und *-hausen* auf. Ihr könnt auch einen Wettbewerb durchführen. Verwendet bei Bedarf einen Atlas.

e Erkläre die Ortsnamen *Elsterheide, Lindenberg, Wolfsburg, Ludwigsfelde* und *Eichwalde*.

11 Sicher hast du auf Wanderungen schon Schilder mit ähnlichen Namen gesehen. Nenne weitere solche Namen. Was bezeichnen sie?

Was uns Orts- und Flurnamen sagen

Namen für Felder, Wälder, Wege, Wiesen, Berge und Teiche heißen **Flurnamen**.
Viele von ihnen sind mehrere hundert Jahre alt.
Sie sind auf Wanderkarten verzeichnet und sagen etwas über die Gegend aus,
z. B. über
– die natürliche Beschaffenheit
  (*Sumpfwiese, Steinacker*),
– die Lage (*Mittelfeld, Teichstück*),
– die Nutzung (*Weinberg, Viehweide*),
– den Besitz (*Pfarrfeld, Bauernflur*),
– das besondere Aussehen
  (*Teufelskanzel, Nordhaken*).

12 a Schaut euch gemeinsam diesen Ausschnitt der Wanderkarte vom Elbsandsteingebirge an. Sucht alle Flurnamen heraus und schreibt sie an die Tafel. Jeder, der einen Namen anschreibt, muss vorher sagen, was dieser Name bezeichnet.

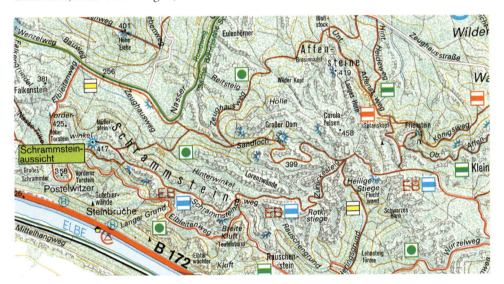

b Stellt nun mithilfe einer Wanderkarte fest, welche Flurnamen es in eurer näheren Umgebung gibt. Ordnet sie danach, was sie bezeichnen, z. B. Berge, Wege, Täler usw.

13 Vielleicht habt ihr Lust bekommen, mehr über eure Umgebung und ihre Namen herauszufinden.

Wie ist z. B. euer Heimatort / eure Heimatstadt zu seinem / ihrem Namen gekommen?

Oder ihr sucht euch einen interessant klingenden Flurnamen heraus und versucht seine Bedeutung zu entschlüsseln.

Wenn alles erforscht ist, sollte jede Gruppe ein attraktives Informationsblatt gestalten. Bietet eure Informationsblätter dem Fremdenverkehrsamt eures Ortes an.

Eine Reise in die Geschichte unserer Wörter

Fremdwörter

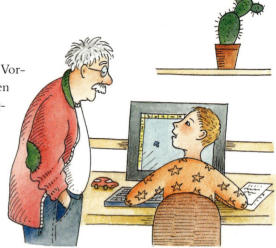

1 Sebastian sitzt an seinem Schreibtisch. Zurzeit bereitet er am *Computer* einen Vortrag vor. Auf der Suche nach geeigneten *Informationen* kann er auch das umfang-
5 reiche Wissen im *Internet* nutzen. In die Arbeit versunken, bemerkt er gar nicht, wie sein Lieblingsgroßvater Alfred hinter ihm steht. „Was ist das für ein flaches Gerät?", will Groß-
10 vater wissen. „Das ist ein *Scanner*", murmelt Sebastian. „Ein *Scanner*?" Großvater runzelt die Stirn. „Und was ist das, was sich auf dem Bildschirm bewegt?", fragt er. „Das ist der *Cursor*, den ich mit der Maus bewegen kann", antwortet Sebastian. „Mit einem Klick *surfe* ich
15 superschnell durchs *Internet* und kann *Infos* aus der ganzen Welt herunterladen." Großvater muss sich setzen, er versteht gar nichts mehr. Sebastian nimmt sich vor, ihm alles in Ruhe zu erklären.

a Großvater hat offensichtlich Schwierigkeiten, seinem Enkel zu folgen. Wodurch kommt das?

b Suche für die im Text markierten Fremdwörter eine deutsche Bezeichnung, z. B. *Anzeigepfeil* für *Cursor*. Welchen Begriff würdest du eher verwenden, die deutsche Übersetzung oder das Fremdwort? Begründe deine Antwort.

2 a Woran erkennst du, dass es sich bei den folgenden Wörtern um Fremdwörter handelt?

Spagetti, Video, Croissant, Olympiade, Shuttle, Turnier, Outfit, Television, T-Shirt, Baguette, Ingenieur, Spot, Pommes frites, Frikadelle, Friseur

b Erkläre, was die einzelnen Begriffe bedeuten. Schlage gegebenenfalls im Duden oder in einem Fremdwörterlexikon nach.

3 a Die meisten Wörter, die im 20. Jahrhundert in unsere Sprache gekommen sind, stammen aus dem Englischen und dem Amerikanischen. Wie erklärst du dir das?

b Notiert Wörter, die in den letzten Jahren Eingang in unsere Sprache gefunden haben. Denkt an die Bereiche *Musik, Technik, Mode, Kosmetik, Raumfahrt*. Aus welchen Sprachen könnten sie stammen?

Fremdwörter / Erbwörter

> Mit neuen Produkten aus anderen Ländern, z. B. Erfindungen aus Wissenschaft und Technik (*Computer*) oder auch Dingen des täglichen Lebens (*Pizza*), die zu uns kommen, übernehmen wir oft auch die entsprechenden Bezeichnungen aus der fremden Sprache.
> Diese **Fremdwörter** sind in Aussprache und Schreibung der deutschen Sprache „fremd", sie haben sich noch nicht angeglichen.
>
> Aussprache: *Computer* [kɔmˈpjuːtə]   Schreibung: *Pizza* (*zz* statt *tz*)
> Schreibung: *Computer* (*C* statt *K*)

4 Wenn ständig neue Wörter in den deutschen Wortschatz aufgenommen werden, müsste der Duden doch eigentlich immer umfangreicher werden. Das ist aber nicht so. Suche nach einer möglichen Erklärung.

Erbwörter

1 Die ältesten Wörter unserer Sprache bezeichnen wir als Erbwörter. Überlege, was mit dem Begriff *Erbwort* gemeint sein könnte. Informiere dich im Rahmen.

> Die **deutsche Sprache** gehört – zusammen mit dem Englischen, Niederländischen, Schwedischen, Dänischen, Norwegischen und Isländischen – zur Gruppe der **germanischen Sprachen**.
> Viele Wörter unserer Sprache sind schon sehr alt. Etwa ein Viertel unseres Grundwortschatzes gehört schon seit mehr als 4000 Jahren zum Wortschatz der germanischen Sprachen. Diese **ältesten Wörter** bezeichnen wir als **Erbwörter**.

2 a Erbwörter verraten viel über die damalige Zeit. Übertrage die Tabelle in dein Heft und fülle den Tabellenkopf aus. Ordne die darunter stehenden Erbwörter den verschiedenen Lebensbereichen zu.

Tiere	...	...	...
Kuh	Zange	Gerste	gären
...	...	...	...

Kuh, Zange, Gerste, gären, Hund, bauen, Hacke, Rind, Fleisch, Ziege, zähmen, Nagel, Hengst, flechten, Erbse, Schwein, mahlen, Beil, säen, weben, Pflug

b Was erfährst du anhand dieser Wörter über das damalige Leben der Menschen?

Eine Reise in die Geschichte unserer Wörter

3 In den letzten beiden Jahrtausenden v. Chr. bis etwa 500 n. Chr. mussten viele germanische Stämme aufgrund von Krieg und Naturkatastrophen ihre Heimat verlassen und in neue Siedlungsgebiete ziehen. Sie lernten neue Lebensweisen kennen und bildeten neue Wörter. Aus dieser Zeit stammen u. a. die folgenden Erbwörter:

Brot, Strand, Krieg, Netz, Herd, braten, ringen, Segel, Salz, Frieden, Schwert, Waffe, Schild, raufen, Hafen, Steuer, Reuse, Fleisch, hissen

Vergleiche diese Wörter mit den Erbwörtern aus Aufgabe 2 auf S. 89. Überlege, was sich im Leben der Menschen offenbar geändert hatte.

Lehnwörter

1 In den ersten Jahrhunderten n. Chr. hielten die Römer weite Teile Germaniens besetzt. Dadurch lernten die Germanen die Lebensweise der Römer kennen. Sie erwarben neue Kenntnisse und übernahmen dafür auch die entsprechenden Bezeichnungen aus der Sprache der Römer, dem Lateinischen.

a Schau dir die Abbildung eines römischen Hauses genau an. Überlege, welche deutschen Wörter sich aus den lateinischen Bezeichnungen entwickelt haben.

b Was meinst du? Wie sahen die Häuser der Germanen aus, bevor sie auf dem Gebiet des Hausbaus von den Römern lernen konnten?
Informiere dich bei deiner Geschichtslehrerin / deinem Geschichtslehrer.

Lehnwörter

Lehnwörter sind Wörter, die einer anderen Sprache „entliehen" sind. Im Gegensatz zu Fremdwörtern haben sich Lehnwörter im Lauf der Zeit in **Aussprache**, **Schreibung** und **Beugung** der deutschen Sprache so weit angepasst, dass wir ihre eigentliche Herkunft oft gar nicht mehr erkennen, z. B.:
Fenster (von lateinisch: *fenestra*),
Schindel (von lateinisch: *scindula*).

2 Der folgende Text verrät, auf welchem anderen Gebiet die Germanen von den Römern Neues lernten. Ordne die markierten Lehnwörter den darunter stehenden lateinischen Begriffen zu. Einige kennst du schon.

Ein Tag in Pompeji

Marcus zieht wie jeden Morgen einen *Karren* voll *Kisten* mit frischem Obst und *Wein*krügen zum Markt. Er hilft seinem Vater, der in einem Dorf südlich von Pompeji ein Gemüsefeld bearbeitet, beim Verkauf. Auf dem *Markt* angekommen, staunt Marcus über die vielen Stände, die sich unter der Last von Obst- und Gemüse*körben* und *Säcken* voller *Pfeffer* zu biegen scheinen. Nur ein paar kleine *Münzen* kann er schließlich als Verkaufserlös für die frische Ware bekommen. Aber für die kleine Familie reicht es vorerst aus.

mercatus, cista, saccus, moneta, corbis, piper, vinum, carrus

3 Viele Begriffe der christlichen Religion stammen aus dem Griechischen und dem Lateinischen. Welche Bedeutung(en) haben folgende Wörter? Tauscht euch darüber aus.

aus dem Griechischen: Kirche, Engel, Teufel, taufen, Pfingsten
aus dem Lateinischen: Chor, Orgel, Messe, Mönch, Kloster, Abt, Kutte, predigen

4 Im 12./13. Jahrhundert entwickelte sich die Kultur des Rittertums. Es gab in dieser Zeit vielfältige Beziehungen zwischen der französischen und der deutschen Ritterschaft. Viele französische Wörter, die wir auch heute noch verwenden, flossen damals in die deutsche Sprache ein. Die folgenden Wörter sind dafür Beispiele:

Turnier, Panzer, Palast, Preis, Abenteuer, Tanz

a Versuche, sie richtig in die Lücken einzuordnen, und schreibe den Text ab.

Der Page musste mit sieben Jahren ausziehen, um alle Fähigkeiten zu erlernen, die ein Ritter beherrschen sollte, um den Ritterschlag zu erhalten. Im … konnten die Jungen zeigen, welche Geschicklichkeit sie besaßen. Ausgerüstet mit einem … und einem

Schild kämpften die Pagen vor dem … um den begehrten … Nicht allein der Kampf, sondern auch der … und das Schreiben von Liebesgedichten machten einen richtigen Ritter aus. Mit dem Bestehen von … suchten die zukünftigen Ritter die Zuneigung und Anerkennung der adligen Damen zu erringen.

b Kannst du den eingesetzten Wörtern die folgenden französischen Wörter zuordnen? Was fällt dir bei der Schreibung auf?

pris, aventure, tournoi, palas, pancier, danse

c Aus dieser Zeit stammen auch einige noch heute gebräuchliche Redewendungen, die an die Turniere und Jagden jener Zeit erinnern.

eine Lanze für jemanden brechen – jemanden aus dem Sattel heben – jemanden im Stich lassen – etwas aus dem Stegreif tun – auf den Busch klopfen – jemanden zur Strecke bringen

Überlege, was diese Redewendungen heute aussagen. Was haben sie wohl früher bedeutet?

5 Am Ende des Mittelalters entwickelten sich die Städte zu Zentren des Fortschritts. Immer schneller wurden Waren hergestellt, die man in andere Teile des Landes oder in andere Länder verkaufen konnte. Mit dem Handel kamen aus unterschiedlichen Sprachen neue Wörter in die deutsche Sprache.

a Im Folgenden sind einige Lehnwörter aufgelistet. Versucht, ihre Bedeutung zu erklären. Schlagt, wenn nötig, in einem Wörterbuch nach.

slawisch: Grenze, Quark, Graupe, Gurke, Zobel, Nerz
italienisch: Bank, Kapital, Bilanz, Risiko, Bankrott, netto, Muster; Kapitän, Kompass, Golf
arabisch: Marzipan, Zitrone, Zimt, Zucker
niederdeutsch/
niederländisch: Stapel, Fracht, Matrose, Maat, Kombüse, Jacht, Kajüte, Kai

b Überlegt, welche Lebensbereiche sich wohl in dieser Zeit verändert haben.

Satzbau und Zeichensetzung

Satzarten und ihre Satzschlusszeichen

1 Erster Schultag im neuen Schuljahr

a Lest euch die Sätze in den Sprechblasen gegenseitig vor.
Die Zuhörenden sollen die Absicht der einzelnen Sprecher erkennen können:
– Wollen sie etwas erfragen?
– Wollen sie etwas mitteilen?
– Wollen sie zu einer Handlung auffordern?
– Oder wollen sie etwas (z. B. ein Gefühl) verstärkt, besonders betont äußern?

b Manche Sätze kann man unterschiedlich sprechen: als Frage, Aussage oder Aufforderung. Suche solche Sätze heraus. Lies sie so vor, dass deutlich wird, welche Absicht du verfolgst.

c Versucht in einem zweiten Durchgang, eure Absichten durch Hand- oder Körperbewegungen und durch den Gesichtsausdruck noch deutlicher zu machen.

Satzbau und Zeichensetzung

2 Lege eine Tabelle mit vier Spalten an.

Fragesätze	Aussagesätze	Aufforderungssätze	Ausrufesätze

a Schreibe in jede Spalte einen Satz aus den Sprechblasen von Aufgabe 1. Setze die entsprechenden Satzschlusszeichen.

b Ergänze selbstständig je einen weiteren zum Thema passenden Satz.

3 (1) Dort ist das Lehrerzimmer
(2) Du gehst in diese Klasse

Mit diesen Sätzen kannst du als Sprecherin oder Sprecher unterschiedliche Absichten verfolgen.
Wie könnte man diese Sätze betonen? Probiert das gemeinsam aus.
Bestimmt dabei die jeweilige Satzart und das entsprechende Satzschlusszeichen. Was stellt ihr fest?

4 Aus diesen Wörtern und Wortgruppen lassen sich jeweils sowohl Aufforderungs- als auch Frage- oder Aussagesätze bilden. Formuliere solche Sätze. Meistens musst du noch weitere Wörter mitverwenden.

(1) den neuen Mitschülern / die Schule / zeigen
(2) ihnen / auch die Pausenregelung / erklären
(3) der neuen Tischnachbarin / den Stundenplan / diktieren

5 a In dem folgenden Text fehlen alle Satzzeichen.
Lies ihn still und versuche, die einzelnen Sätze zu erfassen.

Jakob kommt viel zu spät aufgeregt rennt er die Treppen im Schulhaus hinauf alle Türen auf diesem Flur stehen weit offen aber es sind kaum Geräusche zu hören ist niemand in den Räumen weshalb verhalten sich heute alle so ruhig unsicher tritt er in Raum 38 ein und bleibt verdutzt stehen vor sich sieht er Schüler an Computern sitzen er ist eine Etage zu hoch gestürmt auch das noch so ein Mist schnell läuft er wieder hinunter in den zweiten Stock

b Schreibe den Text ab. Setze die Satzschlusszeichen und vergiss auch nicht, die Satzanfänge großzuschreiben.

Bau des einfachen Satzes

6 a Nachdem Jakob seinen Klassenraum betreten hat, entschuldigt er sich mit einem der folgenden Sätze. Welchen Satz könnte er verwendet haben? Mach einmal vor, wie sich das angehört haben könnte.

(1) Heute stand mein Bus zweimal im Stau.
(2) Mein Bus stand heute zweimal im Stau.
(3) Zweimal stand mein Bus heute im Stau.
(4) Zweimal stand heute mein Bus im Stau.
(5) Mein Bus stand im Stau – zweimal heute.
(6) Mein Bus stand im Stau – heute zweimal.

b Was meint ihr zu dieser Entschuldigung?

c Die sechs Sätze haben Gemeinsamkeiten und Unterschiede. Versuche einige davon herauszufinden.

Bau des einfachen Satzes

1 Du weißt: Sätze bestehen aus Wörtern und Wortgruppen. Das sind die Satzglieder (Bauteile) des Satzes. Du kannst sie im Satz umstellen.

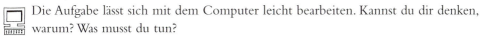

NEUGIERIG | GUCKTEN | SOFORT | ALLE KINDER | ZU JAKOB

a Stelle in dem Satz mindestens zwei andere Satzglieder an die erste Stelle. Achte dabei darauf, was sich verändert.
Die Aufgabe lässt sich mit dem Computer leicht bearbeiten. Kannst du dir denken, warum? Was musst du tun?

b Ein Wort bleibt bei der Umstellprobe immer an seiner Stelle. Welches ist das?

> In **Aussagesätzen** kannst du die **Satzglieder** (Wörter oder Wortgruppen) umstellen. Nur die **finite** (gebeugte) **Verbform** macht eine Ausnahme. Sie bleibt **immer** an der **zweiten Stelle**.

Satzbau und Zeichensetzung

2 a Versuche anhand der folgenden Sätze nachzuweisen, dass die finite Verbform tatsächlich immer an der zweiten Stelle steht.
Untersuche auch die erste Stelle. Steht dort ein Wort oder eine Wortgruppe?

(1) Franziska hat einen weiten Schulweg. (2) Mit dem Bus muss sie <u>zuerst</u> ein Stück in die Stadt fahren. (3) Sie steigt <u>auf dem Markt</u> in die Straßenbahn um. (4) Sie fährt <u>mit ihr</u> direkt bis an den Schulhof. (5) Schon ihr Großvater und ihre Mutter waren Schüler in der Schillerschule. (6) Die Familie wohnte <u>damals</u> aber ganz in der Nähe. (7) In der Schulband hat einige Jahre <u>ihr Großvater</u> gespielt. (8) Viel hat <u>der</u> ihr aus seiner wilden Zeit als Schüler und Jazzmusiker erzählt. (9) Franziska wollte <u>manches</u> gar nicht glauben. (10) Das kann doch nicht <u>so</u> gewesen sein! (11) Was wird sie wohl in der Schillerschule von heute erleben?

b Die unterstrichenen Satzglieder stehen nicht günstig. Du kannst den Text verständlicher und flüssiger gestalten, wenn du sie an den Anfang stellst. Dabei musst du in einigen Sätzen weitere Umstellungen vornehmen. Versuche es.

c Wähle drei Sätze aus dem Text aus und ermittle die Satzglieder. Wie viele sind es jeweils?

> Wozu du die **Umstellprobe nutzen** kannst:
> – Mithilfe der Umstellprobe kannst du die **Satzglieder** eines Satzes **ermitteln**.
>   Das sind alle Wörter oder Wortgruppen, die du vor die finite (gebeugte) Verbform stellen kannst. Satzglieder lassen sich also im Satz umstellen.
> – Du kannst einen **Text verständlicher** und **flüssiger gestalten**, wenn du das Satzglied an den Anfang stellst, das sich auf den vorausgehenden Satz bezieht.

Subjekt

3 a Wer oder was ist das in eurer Klasse? Ergänze die fehlenden Satzglieder.

(1) … wohnt ganz nahe bei der Schule.
(2) … hat den weitesten Schulweg.
(3) … fährt mit dem Fahrrad zur Schule.
(4) … trifft sich jeden Morgen mit ihrer Freundin.
(5) … und … sind morgens meistens als Erste im Klassenraum.
(6) … und … kommen immer erst kurz vor dem Klingeln.
(7) … sind die beliebtesten Unterrichtsfächer.
(8) … sind die bevorzugten Pausenbeschäftigungen.
(9) … ist die beliebteste Lehrerin.
(10) … ist der beliebteste Lehrer.

b   Wie heißt das Satzglied, das in allen Sätzen gefehlt hat?

c   Stelle drei der Sätze so um, dass das Subjekt nicht mehr an erster Stelle steht.

4 a Was ist denn hier passiert? Korrigiere.

(1) Unser Musiklehrer ist 2000 das letzte Mal renoviert worden.
(2) Unser Klassenraum kommt täglich mit dem Fahrrad zur Schule.

b   Bilde weitere Satzpaare mit vertauschten Subjekten.
    Lass deine Sätze von deinen Mitschülerinnen und Mitschülern korrigieren.

Prädikat

5   In der Schillerschule wurde Folgendes festgelegt:

(1) Die Schüler der 6. Klassen … die Neuen am ersten Schultag.
(2) Anfang Dezember … eine Klasse der französischen Partnerschule zum Schüleraustausch.
(3) Im April … eine Schülergruppe unserer Schule nach Arles in Südfrankreich.
(4) Am letzten Schultag vor den Weihnachtsferien … die 6. und 8. Klassen einen Theaternachmittag.
(5) Am Ende des 1. Schulhalbjahres … eine Projektwoche … .
(6) Jeder Schüler … während dieser Zeit in einer Projektgruppe.
(7) Am letzten Tag … alle Gruppen ihre Ergebnisse im Schulhaus.
(8) Im Mai … die 7. Klassen eine Woche im Schullandheim.
(9) Die Abschlussklassen … einen Abschlussball.

Diese Festlegungen sind zwar einigermaßen verständlich, aber in allen fehlt eine wichtige Information, weil ein Satzglied ausgelassen wurde. Was fehlt? Ergänze so, dass vollständige und sinnvolle Sätze entstehen.

Subjekt und **Prädikat** sind die beiden **Hauptbestandteile eines Satzes** (der **Satzkern**). Um sie zu bestimmen, kannst du Fragen stellen:

Wer? oder *Was?* ⟶ Subjekt
Was wird ausgesagt? ⟶ Prädikat

6 Franziskas Großvater erzählt von seinen ersten Schuljahren

(1) Meine Schulzeit begann 1947 in der Schillerschule. (2) Damals hieß sie Knabenschule. (3) Mädchen und Jungen lernten nämlich in getrennten Schulen. (4) Wir saßen zu dritt oder zu viert auf einer stabilen Bank mit Klapptisch, Klappsitzen und Rückenlehne. (5) In die Tischplatte waren Tintenfässer eingelassen. (6) Mit denen haben wir später allerlei Unfug getrieben. (7) Aber wir Kleinen schrieben und rechneten zunächst auf Schiefertafeln. (8) Das Schreiben mit dem Griffel strengte ziemlich an. (9) Oftmals gefielen meiner Mutter meine Hausaufgaben nicht. (10) Dann nahm sie den Schwamm und wischte in Sekundenschnelle alles weg. (11) Wie habe ich mich da geärgert!

a Was hast du Neues über die Schule von früher erfahren?

b Bestimme in jedem Satz mithilfe der Fragen im Rahmen auf S. 97 Subjekt und Prädikat. Schreibe sie auf und kennzeichne Subjekte und Prädikate unterschiedlich.

Schreibe: (1) meine Schulzeit begann, (2) …

7 a Schau dir noch einmal deine Lösung der Aufgabe 6 b an. Vergleiche die Prädikate aus den Sätzen (1), (2), (3) mit denen aus den Sätzen (6), (8), (11). Was stellst du fest?

einteiliges Prädikat	mehrteiliges Prädikat
Das Prädikat besteht nur aus der finiten Verbform, z. B.:	Das Prädikat besteht aus mehreren Wörtern, z. B.:
	Wie habe ich mich da geärgert!
Meine Schulzeit begann 1947 in der Schillerschule.	*Das Schreiben mit dem Griffel strengte ziemlich an.*

b Welche Prädikate im Text der Aufgabe 6 sind einteilig, welche sind mehrteilig?

Bau des einfachen Satzes 99

Objekt (Ergänzung)

8 Der folgende Text ist unvollständig. Ordne die darunter stehenden Wörter und Wortgruppen so in die Sätze ein, dass sinnvolle Aussagen entstehen.

Was neue Schüler in der Schillerschule bestaunen

(1) Die meisten neuen Schüler bestaunen … in dieser Schule. (2) Sie bewundern auch … . (3) Früher gab es in diesem Festsaal … . (4) Auf die Saalrückwand hat ein Maler … gemalt. (5) Am besten aber finden die meisten Schüler … .

die breiten Flure und die Pausenhallen, die Computerräume, die Aula, ein großes Wandbild, eine stimmungsvolle Beleuchtung

---

Objekte (Ergänzungen) sind nähere Bestimmungen des Verbs (des Prädikats). Der Fall, in dem wir die Objekte gebrauchen, ist vom Verb abhängig.

Mithilfe der **Frageprobe** kannst du herausfinden, in welchem Fall das Objekt steht.

Unsere Lehrerin zeigt	Wem?	uns	Dativobjekt
	Was?	ein Modell.	Akkusativobjekt
Sie nennt	Wem?	uns	Dativobjekt
	Wen?	den Modellbauer.	Akkusativobjekt

---

9 a Sprecht darüber, was in eurer Schule anders werden müsste.

b Beantworte die folgenden Fragen schriftlich. Verwende in deinen Antworten Akkusativobjekte.

(1) Was sollte man einrichten?
(2) Was müsste man umbauen?
(3) Was sollte man ausbauen?
(4) Was sollte man neu gestalten?
(5) Was könnte man anlegen?
(6) Was müsste man besser pflegen?

c Antworte mithilfe von Dativobjekten.

Wem sollte man
– zuhören,
– mehr zutrauen,
– zustimmen,
– helfen,
– folgen?

Satzbau und Zeichensetzung

d Unterstreiche die Dativ- und Akkusativobjekte in deinen Antworten mit unterschiedlichen Farben.

10 Kaugummikauen im Unterricht?

(1) Seit Jahrzehnten verbieten die Lehrer den Schülern das Kauen von Kaugummi im Unterricht. (2) Jetzt werden kauende Schüler von einem Wissenschaftler unterstützt, der Gehirntrainingsmethoden erforscht. (3) Er sagt: „Kaugummikauen macht schlau. (4) Gleichförmigkeit, z. B. im Unterricht und beim Fernsehen, macht müde. (5) Wer kaut, bleibt durch das Muskelspiel wach und aufnahmefähiger. (6) Das Kauen führt zu einer besseren Durchblutung des Gehirns." (7) So könnte Kaugummikauen die Wirkung des Unterrichts verdoppeln.

a Wodurch könntet ihr diese Auffassung bestätigen oder widerlegen? Tauscht euch darüber aus.

b Kennt ihr noch andere Gründe für oder gegen das Kaugummikauen?

c Nenne alle Objekte, die du in dem Text finden kannst. Nutze dazu die Frageprobe, z. B.:

(1) Was verbieten die Lehrer?
(2) Wem verbieten die Lehrer das Kaugummikauen?
(3) Was erforscht der Wissenschaftler?
(4) Was könnte …?

d Unterscheide Dativ- und Akkusativobjekte voneinander.

11 a Bilde Wortgruppen. Verwende die folgenden Verben mit einem Substantiv und mit einem Personalpronomen (persönliches Fürwort) als Dativ- oder als Akkusativobjekt.

fragen	erwarten	brauchen
danken	einladen	lehren
antworten	begrüßen	begleiten
helfen	verstehen	entgegnen
schaden	gehören	mitteilen
verlassen	mitnehmen	schreiben

Beispiele: *den Freund fragen, dich fragen, den Eltern danken, euch danken, …*

b Markiere Dativ- und Akkusativobjekte anschließend mit unterschiedlichen Farben. Verwende zur Unterscheidung wieder die Frageprobe. Hast du auch Verben entdeckt, die sowohl den Dativ als auch den Akkusativ verlangen können?

12

a Vor Unterrichtsbeginn tut jeder etwas anderes:

die Deutschlehrerin	ich	meine Mitschüler
schreibt ... an	sehe ... zu	packen ... aus
teilt ... aus	suche ...	vergleichen ...
hilft ...	frage ...	trinken ...
hört ... zu	präge mir ... ein	spielen ...
schließt ...	schlage ... auf	tauschen ...

Bilde sinnvolle Sätze, indem du Dativ- und Akkusativobjekte ergänzt. Schreibe die Sätze auf und unterstreiche die Dativ- und Akkusativobjekte unterschiedlich.

b Schreibe mindestens fünf Sätze zum Thema „Vor Unterrichtsbeginn in unserer Klasse". Kennzeichne die Dativ- und Akkusativobjekte.

> Neben Akkusativ- und Dativobjekten können von einem Verb auch **Genitivobjekte** gefordert werden. Solche Objekte sind in unserer heutigen Sprache selten.
>
> | *Ich enthalte mich* | **Wessen?** | *der Antwort.* |
> |---|---|---|
> | *Er erinnerte sich* | | *des Vorfalls.* |

13 Bilde Wortgruppen oder Sätze mit Genitivobjekten.

gedenken (der Tote), sich bedienen (die neueste Technik), sich erbarmen (der Bettler), sich erwehren (der Angriff, die Anschuldigung)

Attribut (Beifügung)

14 Welche Verlustanzeigen erfüllen ihren Zweck gut, welche weniger? Warum?

➔ S. 50–53: *Einen Gegenstand beschreiben.*

> Rotes, herzförmiges Lederportmonee mit Reißverschluss auf dem Schulhof verloren. Inhalt: Monatskarte und Schülerausweis. Gegen Belohnung abzugeben bei Verena Klein, 8a

> Silberne Kette mit Anhänger (Andenken an meine Großmutter) am 4.11. in diesem Umkleideraum vergessen. Über Rückgabe freut sich Marion Gunschmann, 7b

> Habe meine neuen Turnschuhe verloren. Bitte abgeben an: Torsten Voigt, 3a

---

Durch vorangestellte **Attribute (Beifügungen)** können Substantive näher bestimmt werden, z. B.:

<u>meine neuen</u> Turnschuhe   **Welche/Was für** Turnschuhe?

---

15 Bestimme in den Verlustanzeigen (Aufgabe 14) alle vorangestellten Attribute. Lass diese Attribute dann weg. Wie beurteilst du die neuen Anzeigen?

16 Kennzeichne diese Gegenstände genauer. Verwende dafür verschiedene Attribute.

mein … Taschenmesser	sein … Fahrrad	ein … T-Shirt
diese … Sporttasche	der … Anorak	der … Fußball

17 a Errätst du, wer oder was gemeint ist?

- älteste und bekannteste Comicfigur
- große, viel besuchte Stadt in Sachsen
- kleiner, roter Käfer mit schwarz gepunkteten Flügeln
- taubengroßer, bunter Vogel mit krummem Schnabel

b Schreibe die Wortgruppen ab und unterstreiche die Substantive. Rahme anschließend die Attribute ein, die sie näher bestimmen.

Bau des einfachen Satzes

18 Beschreibe nach dem Muster der Aufgaben 16 und 17a

- Asterix, Obelix oder eine andere Comicfigur,
- Berlin, Hamburg, Dresden oder eine andere Stadt.

19 Achtung! Jeweils ein Attribut ist falsch. Findest du es?

(1) Techno ist klassische, rein elektronisch produzierte Rockmusik.
(2) Ein Sandwich sind zwei besonders dicke, mit Butter bestrichene Brotscheiben, zwischen die Salat und Fleisch, Wurst oder Käse gelegt wird.
(3) Eine CD-ROM ist ein dünner, scheibenförmiger, schwerer Datenträger.

Kommasetzung bei Aufzählungen

1 „Herr Ober, ich möchte zwei kalt gewordene Spiegeleier mit Schinken zwei Scheiben halb verkohlten Toast steinharte Butter und ein Kännchen dünnen lauwarmen Kaffee."
Der Kellner zuckt die Achseln und sagt: „Ich weiß nicht, ob die Küche das machen kann."
„Warum nicht? Gestern hab ich es doch auch bekommen."

a Lies die Bestellung des Gastes einmal vor. Man muss deutlich hören, was er dem Ober alles aufzählt.

b Warum ist das Lesen der Aufzählung nicht ganz einfach? Wodurch könnte es erleichtert werden?

c Setze die Kommas in dem Text.

d Schreibe auf, was du dir zum Frühstück bestellen würdest. Verwende Aufzählungen.

Schreibe: Zum Frühstück würde ich mir … bestellen.

Manche Sätze enthalten **Aufzählungen** in Form von Wörtern oder Wortgruppen. Diese Aufzählungen werden durch Kommas voneinander abgegrenzt, wenn sie nicht durch *und, oder, sowie* miteinander verbunden sind, z. B.:

*Zum Frühstück esse ich gern Toastbrot, Butter, Marmelade und Käse.
Dazu trinke ich Milch, Kakao oder Saft.
Am Sonntag frühstücken wir alle zusammen: meine Eltern, meine Schwester Kati sowie unsere Katze Miez.*

2 (1) Im Oktober fanden an unserer Schule vier Projekttage zum Thema „Gesund leben" statt. (2) Es wurden ganz unterschiedliche Arbeitsgruppen angeboten, z. B. „Gesundes Essen" „Sport und Gesundheit" „Wir und unsere Umwelt". (3) Jeder konnte sich eine Gruppe auswählen und dort mitarbeiten. (4) Viele Mädchen und auch einige Jungen aus unserer Klasse haben gekocht und gebacken und ein kaltes Büfett für die Abschlussveranstaltung hergerichtet. (5) Andere waren im Supermarkt. (6) Sie haben Kunden beim Einkaufen beobachtet und interviewt sowie das Personal befragt. (7) Am letzten Tag wurden die Ergebnisse vorgestellt oder auch einfach aufgegessen. (8) Diese Projekttage waren für die meisten Schülerinnen und Schüler interessant vielseitig und lehrreich.

a In mehreren Sätzen dieses Textes wird etwas aufgezählt. Wo muss ein Komma gesetzt werden? Wo nicht? Begründe deine Entscheidung.

b Schau dir das Bild genau an. Was entdeckst du alles darauf?
Schreibe anschließend einen kleinen Text zum Thema „Im Supermarkt beobachtet".
Achte auf die Kommasetzung, wenn du Aufzählungen verwendest.

Bau des zusammengesetzten Satzes

1 Versuche die beiden Sätze zu einem zusammengesetzten Satz zu verknüpfen.
Probiere mehrere Möglichkeiten aus und beobachte dabei, was sich jeweils verändert.
Welche Wörter aus der Mittelspalte lassen sich verwenden?

| Wiebke hat unermüdlich trainiert. | *weil, da, nachdem, dass, sodass, bevor, obwohl* | Sie konnte ihren Spurt enorm verbessern. |

> Sätze, die inhaltlich zusammengehören, werden meist zu **zusammengesetzten Sätzen** verknüpft. Dazu verwenden wir **Konjunktionen** (Bindewörter) und andere Einleitewörter.
>
> Wenn du zwei Sätze zu einem zusammengesetzten Satz verknüpfst, musst du **zwischen** den beiden **Teilsätzen** – sozusagen an der Nahtstelle – ein **Komma** setzen, z. B.:
>
> *Wiebke hat unermüdlich trainiert, sodass sie ihren Spurt verbessern konnte.*

2 Welche Teilsätze gehören zusammen?
Schreibe die vier zusammengesetzten Sätze auf und kennzeichne die Kommas farbig.

Unsere Sportlehrerin war begeistert,	sodass wir sofort einen Vorsprung hatten.
Alle Wechsel klappten prima,	weil wir den Lauf gewonnen hatten.
Marie war sehr gut angelaufen,	nachdem wir die Stabübergabe oft geübt hatten.
Kati konnte den Vorsprung ausbauen,	obwohl sie keine so gute Kurvenläuferin ist.

> Beim Sprechen bringen wir die Zusammengehörigkeit der Sätze durch die **Stimmführung** zum Ausdruck: Wir machen nach dem ersten Teilsatz – also dort, wo das Komma gesetzt werden muss – eine Sprechpause, senken die Stimme aber nicht.

3 a Lies den folgenden Text satzweise laut vor. Achte auf deine Stimmführung.
Die anderen sollen erkennen, wo ein Komma gesetzt werden muss.

(1) Als ich fünf Jahre alt war bekam ich meine ersten Schier. (2) Mein Vater hatte sie gekauft bevor wir in den Winterurlaub fuhren. (3) Ich lernte das Schilaufen schnell weil ich ziemlich sportlich bin. (4) Nachdem mein Vater mir die Bewegungen gezeigt hatte machten wir unseren ersten Langlauf. (5) Bald fuhr ich sogar schon einen kleinen Hang hinunter. (6) Ich weiß noch dass ich während der ersten Tage oft hinfiel.

b Schreibe die zusammengesetzten Sätze ab und füge die Kommas ein.

c Denk dir selbst noch mehrere zusammengesetzte Sätze aus, die zum Thema passen, und schreibe sie auf.

Satzbau und Zeichensetzung

Ein zusammengesetzter Satz kann so gebildet sein:

| HAUPTSATZ | , | NEBENSATZ | . |

Unsere Lehrerin sagte uns, dass der Wandertag stattfindet.

| NEBENSATZ | , | HAUPTSATZ | . |

Während sie noch redete, jubelten schon alle.

Den **Nebensatz** erkennst du an zwei Merkmalen:
1. Die finite (gebeugte) Verbform steht am Satzende.
2. In diesem Fall beginnt er mit einem Einleitewort.

Einen zusammengesetzten Satz aus einem Hauptsatz und einem Nebensatz nennt man **Satzgefüge**.

4 Schreibe die beiden Beispielsätze aus dem Rahmen ab. Kennzeichne die finiten Verbformen, die Einleitewörter und die Kommas.

5 a Suche aus Aufgabe 3 auf S. 105 zwei Satzgefüge heraus, die nach diesem Muster gebildet sind:

| HS | , | NS | .

Schreibe die Sätze ab. Kennzeichne die Einleitewörter, die finiten Verbformen und die Kommas.

b Suche auch zwei Sätze nach diesem Muster heraus: | NS | , | HS | .

Schreibe sie ab und kennzeichne auch hier die Kommas und die beiden Merkmale des Nebensatzes.

6 a Lies den folgenden Text. Was haben die Schüler wohl gedacht?

(1) Als Herr Arnold heute Morgen in unsere Klasse kam, brachte er einen Neuen mit.
(2) Er sagte uns, dass Martin bei uns bleiben wird.
(3) Es dauerte ziemlich lange, bis Martin zu seinem Platz gelangte.
(4) Wir wussten alle nicht so recht, wie wir uns verhalten sollten.
(5) Bis jetzt hatten wir noch nie einen Klassenkameraden, der nicht richtig laufen konnte.

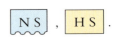

Bau des zusammengesetzten Satzes

b Lies jedes Satzgefüge aus Aufgabe a noch einmal halblaut, und zwar so, dass die Teilsätze deutlich zu hören sind.

c Schreibe die Sätze ab.

d Untersuche den Satzbau. Suche zuerst die Nebensätze heraus. Du weißt, sie beginnen mit einem Einleitewort und enden mit einer finiten Verbform.
Unterstreiche die Nebensätze mit einer Wellenlinie.
Kennzeichne anschließend die Hauptsätze, indem du sie mit einer einfachen Linie unterstreichst.

e Zeichne die Satzbilder mit allen Satzzeichen, so wie in Aufgabe a vorgegeben.

7 a In den folgenden Satzgefügen muss ein Komma stehen. An welcher Stelle?

(1) Nachdem es zur großen Pause geklingelt hatte stürmten wir wie gewöhnlich auf den Schulhof.
(2) Während wir auf dem Schulhof unsere Spiele machten stand Martin am Fenster und sah zu.
(3) Er saß schon wieder an seinem Platz als wir nach der Pause zurückkamen.
(4) In der Deutschstunde merkten wir dass er sehr gut vorlesen und erzählen konnte.
(5) Viele schauten erstaunt zu ihm hin wenn er sprach.

b Lies den Text noch einmal im Zusammenhang. Überlege, wie sich das Geschehen weiterentwickelt haben könnte. Schreibe drei Satzgefüge auf.

8 Suchanzeigen aus einer Schülerzeitung

> Suche einen Quasselk(n)opfausschalter, der meinen Nachbarn zum Schweigen bringt.
> A. W.

> Suche ein Glas mit Tintenpatronen, das sich immer wieder von alleine füllt.
> St. S.

> Suche eine Schule, in der nur gerechnet wird.
> M. A.

> Suche schwere Matheaufgaben, die meine Nachbarin für längere Zeit beschäftigen.
> B. T.

a Diese Anzeigen sind alle ähnlich formuliert, sie bestehen nur aus einem Satzgefüge. Welches sind die Nebensätze? Mit welchen Einleitewörtern beginnen sie? Welche Aufgabe erfüllen die Nebensätze?

b Schreibe selbst eine Suchanzeige in dieser Art.

Satzbau und Zeichensetzung

9 a Welche Substantive werden durch die Nebensätze näher bestimmt?

(1) Kometen sind Himmelskörper, die sich auf lang gestreckten Bahnen um die Sonne bewegen.
(2) Ein Bumerang ist ein flaches, knieförmig gebogenes Wurfholz, das beim Verfehlen des Ziels zum Werfer zurückkehrt.
(3) Ein Beagle ist ein Hund, der kurze Beine und einen gedrungenen Körper hat.
(4) Ein Pinguin ist ein Vogel, der in der Antarktis lebt und nicht fliegen kann.

b Bilde weitere Sätze nach diesem Muster. Erkläre auf diese Weise drei der folgenden Begriffe.
Schlage in einem Lexikon nach, wenn du unsicher bist.

| U-Bahn | Iglu | Triathlon | Trampolin |
| Feuermelder | Lexikon | Spikes | Inlineskate |

Tauscht eure Ergebnisse aus.

10 Bilde aus zwei einfachen Sätzen ein Satzgefüge. Der Nebensatz kann vor oder nach dem Hauptsatz stehen. Verwende dabei die Einleitewörter *weil, obwohl, dass, ob, der/die/das*.

(1) Ich besuche dich erst morgen. Ich muss heute zum Zahnarzt.
(2) Susi kam in die Schule. Sie war krank.
(3) Du kannst das. Ich weiß (das).
(4) Habt ihr mich verstanden? Ich weiß (es) nicht.
(5) Das ist ein interessanter Film. Er zeigt das Leben der Tiere in Afrika.
(6) Ich mag solche Filme. Sie erklären das Verhalten der Tiere.
(7) Tom kam zu spät zur Schule. Er war rechtzeitig losgegangen.
(8) Sylvia hat im Sommer Geburtstag. Ich glaube das.

Schreibe: Ich besuche dich erst morgen, weil ich heute ...

11 Setze in den folgenden Merksätzen das Komma an die richtige Stelle.

(1) Wenn du einen längeren Satz schreibst musst du auf die Kommasetzung achten.
(2) Du musst feststellen ob er aus Teilsätzen besteht.
(3) Meistens erkennst du die Teilsätze schon beim Sprechen.
(4) Wenn ein Teilsatz endet macht man nämlich eine Sprechpause.
(5) Wichtig ist auch dass du die Stellung der finiten Verbform beachtest.
(6) Du solltest außerdem prüfen ob einer der Teilsätze mit einem Einleitewort beginnt.
(7) Wenn ein Teilsatz mit einem Einleitewort beginnt und die finite Verbform am Ende steht ist das ein Nebensatz.
(8) Wo ein Nebensatz ist muss es auch einen Hauptsatz geben.
(9) Wo Hauptsatz und Nebensatz zusammentreffen musst du ein Komma setzen.

Zeichensetzung bei der direkten (wörtlichen) Rede

1 Frühstück mit Wespen

(1) „Mutti, wir brauchen Lockschinken!", schrie Anna, als sie mit ihren Geburtstagsgästen im Garten Abendbrot essen wollte und mehrere Wespen im Anflug waren. (2) „Lockschinken, was soll denn das sein?", wollte Christoph wissen. (3) „Das muss ich euch erzählen", sagte Anna. (4) Sie begann: „Als wir vorigen Sonnabend im Garten frühstücken wollten, umschwirrten uns einige Wespen. Offenbar wollten sie unseren Kakao probieren." (5) „Meinem Vater setzten sie sich sogar auf sein Schinkenbrötchen", lachte David. (6) Ungeduldig fragte Christoph: „Und was habt ihr dagegen gemacht?" (7) Anna erklärte: „Wir haben auf den Tisch eine große Schale mit Schinkenstückchen gestellt, Lockschinken haben wir ihn genannt, dazu etwas Kakao. Das haben wir den Wespen zum Frühstück angeboten."

In dieser kleinen Geschichte ist wörtlich wiedergegeben, was die Kinder gesagt haben. Wodurch erfährt der Leser, wer spricht?
Untersuche, an welchen verschiedenen Stellen der Begleitsatz steht.

Sätze, die wiedergeben, was jemand wörtlich sagt, nennt man **direkte** (wörtliche) **Rede**. Um direkte Rede in geschriebenen Texten deutlich zu machen, setzt man zu Beginn und am Ende **Anführungszeichen**, z. B.:

(1) *Er sagte:* „Wenn du wirklich willst, dann schaffst du es auch."
(2) „Meinst du, dass du es schaffst?", *fragte er.*

Meist hat die direkte Rede einen **Begleitsatz** bei sich. In ihm wird der Sprecher genannt. Der Begleitsatz kann
– vor der direkten Rede stehen (Satz 1) oder
– der direkten Rede folgen (Satz 2).

---

2 In den Begleitsätzen der Geschichte von Aufgabe 1 werden unterschiedliche Verben verwendet. Was erfährt man dadurch?

3 a Die folgenden Sätze sind zu eintönig formuliert. Wie ist das zustande gekommen?

(1) Paul sagte: „Fürchterlich, hier sind schon wieder zwei Wespen."
(2) David sagte: „Ich geh rein, ich kann diese Biester nicht ertragen."
(3) Eva sagte: „Komm, hab dich nicht so!"

(4) Christoph sagte: „Ich weiß, was man machen muss, damit Wespen nicht stechen."
(5) „Das weiß ich auch", sagte Bastian.
(6) Eva sagte: „Nicht fuchteln und schlagen, sondern ganz ruhig sein."
(7) Paul sagte: „Erzähl mir mal, wie du das machen willst, wenn sich eine Wespe auf deine Nase setzt!"

b Sucht gemeinsam nach treffenderen Verben für die Begleitsätze. Notiert sie euch.

c Formuliere aus den Sätzen (1) bis (7) einen zusammenhängenden Text. Verwende unterschiedliche Verben. Verändere auch die Stellung der Begleitsätze.

> Beachte:
> **Kommas** stehen außerhalb der Anführungszeichen.
> **Satzschlusszeichen** stehen innerhalb der Anführungszeichen.
>
> Präge dir ein:
> Steht der Begleitsatz vor der direkten Rede, so folgt ihm ein **Doppelpunkt**;
> das erste Wort der direkten Rede wird großgeschrieben.

4 a In der folgenden Geschichte erzählt jemand, was die Personen sagen. Du weißt aber, eine Geschichte wirkt meistens lebendiger, wenn Gespräche in der direkten Rede wiedergegeben werden.

Was sagen die einzelnen Personen? Gestaltet die Situation als Spiel.

Das Wespennest auf dem Balkon

Eines Abends sahen Anna und David einen ganzen Schwarm Wespen auf dem Balkon ihrer Wohnung und informierten die Eltern. Sie beobachteten gemeinsam, wie einige Wespen am oberen Rand der Balkonverkleidung verschwanden und dann wieder auftauchten. Der Vater vermutete hinter dem Holz ein Wespennest und erklärte seinen Kindern, warum das gefährlich werden könnte. Er wies darauf hin, dass Wespen aggressiv reagieren, wenn sie sich gestört fühlen. Anna fragte, was man nun tun könne, um den Balkon wieder benutzen zu können. Der Vater schlug vor, einen Sachverständigen um Hilfe zu bitten, nämlich einen Kammerjäger. Und die Mutter erklärte sich bereit, diesen Anruf am nächsten Morgen zu erledigen.

b Schreibe den Text um und verwende dabei direkte Rede.
Setze unterschiedliche Verben in den Begleitsätzen ein.
Achte auch darauf, dass du die richtigen Satzzeichen setzt.

c Am Abend berichtete die Mutter von dem Gespräch mit dem Kammerjäger. Sie erzählte ihren Kindern, dass dieser sich das Wespennest anschauen und dann einen
₅ Vorschlag machen wolle, wie das Nest zu beseitigen sei. Anna und David fragten, ob sie dabei zuschauen dürften. Die Mutter erwiderte, dass man am Wochenende mit dem Besuch des Mannes rechnen könne.
₁₀ Er würde entscheiden, ob sie auch dabei sein könnten.

 Spielt das Telefongespräch zwischen der Mutter und dem Kammerjäger im Rollenspiel nach.

5 a Auf der S. 31 findet ihr die Sage „Das Hänsel aus der Umgebung von Stolpen" und auf den S. 55–56 das Märchen „Das kluge Gretel". In beiden wird direkte Rede verwendet.
Spielt diese beiden Texte oder auch andere Märchen und Sagen in Rollenspielen nach.

b Vielleicht habt ihr ja auch Lust, selbst ein Märchen zu erfinden und dieses dann in der Klasse vorzuspielen. Viel Spaß!

Wortarten und Wortformen

Verben

Leitformen / Stammformen

1 Die folgende Übersicht enthält Verbformen, die du häufig verwenden musst. Ihre Bildung und Schreibung solltest du deshalb sicher beherrschen.
Lies die Tabelle aufmerksam durch.

Infinitiv	Präteritum	Partizip II
nehmen	nahm	genommen
treffen	traf	getroffen
fahren	fuhr	gefahren
sehen	sah	gesehen
lesen	las	gelesen
essen	aß	gegessen
treten	trat	getreten
sitzen	saß	gesessen
schließen	schloss	geschlossen
streiten	stritt	gestritten
lassen	ließ	gelassen
reißen	riss	gerissen
rennen	rannte	gerannt
wissen	wusste	gewusst
können	konnte	gekonnt
passen	passte	gepasst
spielen	spielte	gespielt
schützen	schützte	geschützt

Ungefähr ein Viertel aller deutschen Wörter sind **Verben** (Tätigkeitswörter). Wenn wir sie im Satz verwenden, ändern sie häufig ihre Form, z. B.:

trinken: Ich trinke. – Ich trank. – Ich habe getrunken.

Drei Formen eines Verbs musst du kennen, dann kannst du auch alle anderen Formen dieses Verbs richtig bilden und schreiben:
– den Infinitiv (die Nennform),
– das Präteritum (eine Vergangenheitsform),
– das Partizip II.
Diese Formen heißen **Leitformen** oder **Stammformen** des Verbs.

Verben

2 Die folgenden Übungen können dir beim Einprägen der in Aufgabe 1 aufgeführten Leitformen helfen.
Wähle solche Übungen aus, mit denen du am besten lernen kannst.

1. Übung

Lies die drei Leitformen des ersten Verbs, decke sie ab, wiederhole sie aus dem Gedächtnis und vergleiche anschließend mit der Vorlage.
Wenn du das erste Beispiel beherrschst, verfährst du mit allen folgenden Beispielen genauso.
Formen, die du falsch oder gar nicht wiedergeben kannst, schreibst du in dein Heft und sprichst sie mehrmals leise vor dich hin.

2. Übung

Übertrage die folgende Tabelle in dein Heft.
Ergänze die fehlenden Formen. Kontrolliere dich selbst mithilfe der Übersicht aus Aufgabe 1 auf S. 112.

Infinitiv	Präteritum	Partizip II
fahren	…	gefahren
treffen	…	getroffen
lassen	…	gelassen
können	…	gekonnt
kennen	kannte	…
…	wusste	gewusst

3. Übung

Bilde Reimwörter und schreibe sie auf. Dabei kannst du dir Gemeinsamkeiten in der Schreibung der Wörter gut einprägen.

streiten	stritt	gestritten
r…	…	…
gl…	…	…

essen	aß	gegessen
fr…	…	…
m…	…	…

schließen	schloss	geschlossen
g…	…	…
fl…	…	…

beißen	biss	gebissen
r…	…	…

4. Übung: Gelerntes anwenden

Schreibe die folgenden Sätze ab und setze dabei die fehlenden Buchstaben ein.
Ihr könnt euch die Sätze auch gegenseitig diktieren.

> Bilde zuerst in Gedanken die Leitformen der Verben. Dadurch erkennst du die
> Verwandtschaft der Wörter und kannst die schwierigen Verbformen richtig schreiben.

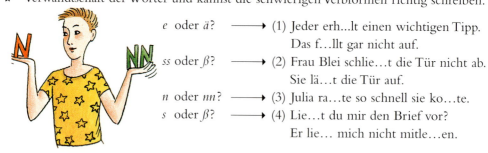

e oder ä? ⟶ (1) Jeder erh…lt einen wichtigen Tipp.
Das f…llt gar nicht auf.

ss oder ß? ⟶ (2) Frau Blei schlie…t die Tür nicht ab.
Sie lä…t die Tür auf.

n oder nn? ⟶ (3) Julia ra…te so schnell sie ko…te.

s oder ß? ⟶ (4) Lie…t du mir den Brief vor?
Er lie… mich nicht mitle…en.

3 Sicher ist dir aufgefallen, dass die Leitformen der Verben sehr unterschiedlich gebildet werden. Aufgrund dieser Unterschiede gibt es zwei Gruppen von Verben.

a Bilde die Leitformen der Verben *nehmen, fahren* und *beschreiben* und vergleiche sie mit den Leitformen von *passen, fragen* und *zerlegen*. Welche Unterschiede erkennst du?

b Übertrage die Tabelle in dein Heft und ergänze sie. Unterstreiche die Besonderheiten.

Infinitiv	Präteritum	Partizip II
nehmen	nahm	genommen
…	…	…
passen	passte	gepasst
…	…	…

> Bei **starken Verben** (z. B. *nehmen, fahren, beschreiben*)
> – wechselt der Stammvokal (Stammselbstlaut),
> – tritt in der 1./3. Pers. Sing. im Präteritum keine Endung auf,
> – endet das Partizip II auf -en.
>
> Bei **schwachen Verben** (z. B. *passen, fragen, zerlegen*)
> – bleibt der Stammvokal gleich,
> – tritt im Präteritum die Endung -t auf,
> – endet das Partizip II auf -t.
>
> Bei einigen Verben treten Merkmale der starken und der schwachen Verben gemischt auf (z. B. *rennen, wissen, können*)

Verben

Finite (gebeugte) und infinite (ungebeugte) Verbformen

1 Verben können in Verbindung mit einem Substantiv/Nomen oder einem Personalpronomen einen Satz bilden.
Bilde sechs ganz kurze Sätze und schreibe sie auf. Verwende
– das Verb *kommen*,
– die Substantive *der Hund, die Rennfahrer* sowie
– die Personalpronomen *ich, du, wir, ihr*.
Kennzeichne jeweils, was sich am Verb verändert.

Schreibe: Ich komme.
  Du … .
  Der Hund … .

Beim Sprechen oder Schreiben gebrauchen wir Verben in verschiedenen Formen. Jeder Satz enthält mindestens eine finite (gebeugte) Verbform, die in Person und Zahl mit dem Subjekt übereinstimmt, z. B.:

Ich lese. – Er liest. – Wir lesen.
Diese Veränderung nach Person und Zahl heißt **Konjugation** (Beugung).
Die Verbformen nennt man **finite** (gebeugte) **Verbformen**.

Finite **Verbformen im Präsens** werden nach dem folgenden Muster gebildet:

Person und Zahl	Personalpronomen	Wortstamm	Personalendung
1. Pers. Sing.	ich	komm	e
2. Pers. Sing.	du	komm	st
3. Pers. Sing.	er, sie, es	komm	t
1. Pers. Plur.	wir	komm	en
2. Pers. Plur.	ihr	komm	t
3. Pers. Plur.	sie	komm	en

---

2 a In den folgenden Sätzen wird eine Situation höchster Aufmerksamkeit beschrieben. Durch welche verschiedenen sprachlichen Mittel wird das erreicht?

(1) Die Zuschauer blicken wie gebannt auf die Kurve. (2) Sie erwarten die Rennfahrer jeden Moment. (3) Es ist ganz still. (4) Ich halte den Atem an. (5) Du stehst völlig regungslos neben mir. (6) Vor mir kauert Benny, daneben Ricarda. (7) Sie drückt die Daumen. (8) Er atmet tief durch. (9) In diesem Augenblick tauchen sie auf. (10) Ein Aufschrei empfängt sie. (11) Es geht rasend schnell. (12) Erkennt ihr die Fahrer?

b Schreibe alle finiten Verbformen heraus. Bestimme jeweils Person und Zahl.

Wortarten und Wortformen

3 a Der folgende Text ist im Präsens geschrieben. Kannst du dir denken, warum?

→ S. 121: *Zeitformen der Verben.*

Frederik und die Konzentration

(1) Frederik macht Hausaufgaben. (2) Unlustig packt er Bücher, Hefte und Schreibzeug aus. (3) Seite für Seite blättert er das Matheheft durch. (4) Er nimmt den Füller und drückt die Schutzkappe locker und wieder fest, unzählige Male. (5) Dabei fällt ihm ein, dass er doch … . (6) Aber da hört er Stimmen auf der Straße. (7) Sofort springt er auf. (8) „Du konzentrierst dich wieder nicht." (9) Das sagt seine Mutter beinahe jeden Tag.

b Der Text über Frederik enthält zehn Präsensformen. Schreibe sie heraus. Kennzeichne danach Wortstamm und Personalendung.

c Hast du Aufgabe b konzentriert erledigt? Oder bist du auch oft nicht bei der Sache? Tauscht euch darüber aus.

4 a Hier ist ein Beispiel, wie man seine Konzentration auf spielerische Art verbessern kann. Wie viele Verben sind in diesem Text versteckt? Wer findet sie am schnellsten?

100-Meter-Konzentrationsstrecke

```
STARTKOMMANDOERWARTENUN
DSOFORTLOSRENNENNICHTZU
MNEBENMANNSCHAUENLAUFEN
LAUFENSCHNELLERIMMERSCHN
ELLERTEMPOIMMERWEITERSTEI
GERNZUMZIELBLICKENENDSPURT
VORBEREITENSPURTENANSTRE
NGENDURCHATMENEINLAUFI
MZIELAUSLAUFENBERUHIGEN
```

b In welcher Leitform stehen die Verben in diesem Text? Formuliere den Text so um, wie ein Trainer das sagen würde.

Schreibe: <u>Du erwartest das Startkommando und … .</u>

→ S. 121: *Zeitformen der Verben.*

Du weißt, wenn du ein Erlebnis schriftlich erzählen willst, dann verwendest du die **Verben** meist im **Präteritum**, z. B.:

Als ich im Wartezimmer der Ärztin <u>saß</u>, <u>las</u> ich auf einem Poster merkwürdige Ratschläge.

Verben 117

5 a Suche aus dem folgenden Text alle Verbformen im Präteritum heraus.

Eine Merkhilfe: die Locus-Technik

Diese Technik geht auf einen griechischen Dichter zurück, der auch ein kluger und geschickter Redner war. Wenn er eine Rede halten sollte, machte er das so: Er versetzte sich in Gedanken zuerst in den Tempel. Dort versah er jede Säule mit einem bestimmten Stichwort. Wenn er
5 seine Rede dann hielt, ging er in Gedanken von Säule zu Säule. Und der Reihe nach fielen ihm die Stichwörter für seine Rede wieder ein. Er ahnte damals natürlich nicht, dass er viele Nachahmer finden würde. Kinder nutzen diese Merkhilfe heute z. B. beim Memory-Spiel. Sie merken sich die Stelle (*lateinisch*: locus), an der eine bestimmte Karte
10 liegt. Daher der Name dieser Merkhilfe: Locus-Technik.

b Welche Verbformen im Präteritum hast du gefunden?
Kannst du auch sagen, warum sie verwendet wurden?

6 a Schreibe ab und ergänze die fehlenden Reimwörter.

du greifst	– du griffst	er spritzt	– er spritzte
du pf…	– du pf…	er sp…	– er sp…
er reitet	– er ritt	er stürzt	– er stürzte
er str…	– er str…	er k…	– er k…

b Lies die Reimwörter vor. Worauf musst du beim Schreiben dieser Formen achten?

7 a Im ersten Abschnitt des Textes sind alle finiten Verbformen im Präteritum unterstrichen. Lege eine Folie auf und kennzeichne auch im zweiten Teil die finiten Verbformen im Präteritum.

Wie Maria die Locus-Merktechnik nutzte

(1) Unter Marias letzter Vokabelkontrolle <u>stand</u> eine schlechte Note, über die sie sich sehr <u>ärgerte</u>. (2) Beim nächsten Mal <u>musste</u> sie unbedingt besser abschneiden. (3) Auf dem Heimweg <u>überlegte</u> sie, was sie tun <u>könnte</u>. (4) Die Locus-Technik <u>gefiel</u> ihr. (5) Die <u>wollte</u> sie einmal ausprobieren.
(6) Am Nachmittag machte sie Folgendes: Sie schrieb auf die obere Hälfte eines Merkzettels ein englisches Wort, in die untere Hälfte dessen deutsche Bedeutung. (7) So beschriftete sie etwa acht bis zehn Zettel. (8) Anschließend knickte sie den unteren Teil der Zettel nach hinten. (9) Nun befestigte sie die Vokabeln an verschiedenen Stellen in ihrem Zimmer und in der Wohnung. (10) Das Wort und den Ort merkte sie sich genau. (11) Bei der nächsten Kontrolle erhielt sie ein glattes „Gut".

b Vergleicht eure Ergebnisse miteinander und erklärt, wie ihr vorgegangen seid.

Wortarten und Wortformen

> Die finiten Formen der **Hilfsverben** *haben, sein* und *werden* verwenden wir zur **Bildung zusammengesetzter Tempusformen** (Zeitformen), z. B.:
> er <u>hat</u> gewartet, wir <u>sind</u> weggefahren, du <u>wirst</u> ankommen.

8 a Präge dir die finiten Formen der Hilfsverben *haben, sein* und *werden* im Präsens und im Präteritum ein.

Präsens

1. Pers. Sing.	ich habe	ich bin	ich werde
2. Pers. Sing.	du hast	du bist	du wirst
3. Pers. Sing.	er hat	er ist	er wird
1. Pers. Plur.	wir haben	wir sind	wir werden
2. Pers. Plur.	ihr habt	ihr seid	ihr werdet
3. Pers. Plur.	sie haben	sie sind	sie werden

Präteritum

1. Pers. Sing.	ich hatte	ich war	ich wurde
2. Pers. Sing.	du hattest	du warst	du wurdest
3. Pers. Sing.	er hatte	er war	er wurde
1. Pers. Plur.	wir hatten	wir waren	wir wurden
2. Pers. Plur.	ihr hattet	ihr wart	ihr wurdet
3. Pers. Plur.	sie hatten	sie waren	sie wurden

b Schreibe die Formen auf, die du dir besonders einprägen willst.

9 Überprüfe, wie sicher du schon bist. Schreibe ab und setze die richtigen Formen der Hilfsverben *haben, sein* und *werden* ein.

(1) *haben* (Präsens) … er schon angerufen?
         (Präteritum) … du das Fahrrad angeschlossen?
         (Präsens) … ihr euch entschuldigt?

(2) *sein* (Präsens) … ihr geflogen?
        (Präteritum) … ihr zufrieden?
        (Präteritum) … du gestern bei Ulf?

(3) *werden* (Präsens) Es … regnen.
           (Präsens) Du … staunen!
           (Präteritum) … sie reingelassen?

Verben

Neben den finiten (gebeugten) Verbformen gibt es **infinite** (ungebeugte) **Verbformen**, die nicht durch Person, Zahl und Zeit bestimmt sind:

Infinitiv	Partizip II
lachen	gelacht
singen	gesungen
vorübergehen	vorübergegangen

10 a Das Partizip II kennst du schon als eine Leitform des Verbs. Woran erkennst du es?

➔ S. 112: *Leitformen des Verbs.*

b Übertrage die Tabelle aus dem Rahmen oben in dein Heft. Kennzeichne die Merkmale von Infinitiv und Partizip II mit unterschiedlichen Farben.

Infinitiv und **Partizip II** werden zur Bildung von **zusammengesetzten Zeitformen** (Tempusformen) gebraucht, z. B.:

Wir werden nach oben gehen. – Es hat geklingelt.

11 In Wörterbüchern stehen die Verben im Infinitiv, z. B.:

passen, reißen, vernichten, fallen, fahren, fliegen, steigen, spielen

a Wähle vier Infinitive aus und lass deine Nachbarin / deinen Nachbarn dazu das Partizip II aufschreiben.

b Kontrolliert die Schreibung gemeinsam. Wiederholt dabei noch einmal, wie das Partizip II gebildet wird.

12 Übertrage die Tabelle in dein Heft und fülle die Lücken im Tabellenkopf aus. Ordne anschließend die darunter stehenden Beispiele in die richtige Spalte ein. Bilde dazu stets die beiden anderen Formen.

...	...	finite Verbform
zuhören	...	...
...	gewusst	...
...	...	(sie) versprach

geplant, angefangen, (er) begründet, gekonnt, (es) klappt, gemerkt, aufregen, angestrengt, (sie) erzählte, lachen, (wir) unterstreichen, markiert, lassen, geschlossen

Wortarten und Wortformen

Zeitformen (Tempusformen) der Verben

1 a Vervollständige den folgenden Text. Setze die in Klammern stehenden Verben in der richtigen Form ein.

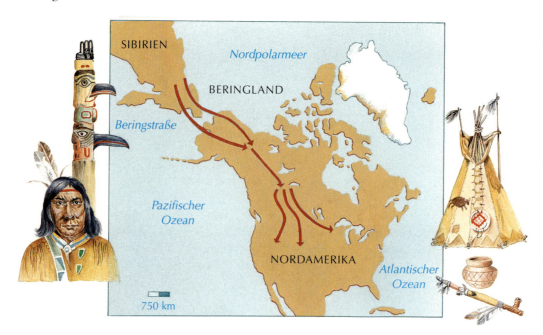

Die Ureinwohner Amerikas

(1) Gegen Ende der Eiszeit, vor etwa 25 000 Jahren, … (auswandern) asiatische Jäger, Sammler und Fischer nach Amerika … . (2) Sie … (ziehen) über eine Landbrücke, die damals zwischen den beiden Kontinenten … (bestehen). (3) Diese Ureinwohner – die Indianer – … (leben) vermutlich in größeren Gruppen und … (wechseln) ihre Lager mehrmals im Jahr. (4) Nach der Ankunft europäischer Auswanderer in Amerika … (flüchten) viele Ureinwohner ins Innere des Kontinents. (5) Infolge von Kriegen, Hungersnöten und Krankheiten … (sterben) viele von ihnen.
(6) Heute … (geben) es noch etwa zwei Millionen Indianer in den USA. (7) Ein Drittel … (leben) in Schutzgebieten, die Hälfte … (wohnen) in Städten in der Nähe dieser Schutzgebiete. (8) Es ist schwer vorauszusagen, wie sich diese Bevölkerungsgruppe in den nächsten Jahrhunderten … … (entwickeln). (9) Sicher … (aussterben) die indianischen Sitten und Bräuche nicht … . (10) Dafür … (sorgen) Freiluftmuseen, viele Veranstaltungen und die ständige Beschäftigung mit der Geschichte.

b Welche Zeitformen hast du verwendet? Sage auch, warum du sie verwendet hast.
Nutze dabei die Übersicht auf S. 121.
Diese Aufgabe ist nicht leicht. Beratet euch in kleinen Gruppen.

Wie wir **Zeitformen** verwenden

Präsens	– wenn etwas gerade jetzt geschieht, z. B.: *Ich liege auf meiner Couch und lese.* – wenn etwas immer geschieht oder gilt, z. B.: *Ich leihe mir regelmäßig Bücher aus.* – wenn etwas erst geschehen wird, z. B.: *Morgen gehe ich wieder in die Bibliothek.*
Präteritum	– wenn von vergangenen Ereignissen schriftlich erzählt wird, z. B.: *Zwischen Asien und Amerika bestand einmal eine Landverbindung.*
Perfekt	– wenn ein Geschehen vergangen und (gerade) abgeschlossen ist, z. B.: *Ich habe das Buch zu Ende gelesen.*
Plusquamperfekt	– wenn etwas Vergangenes schon abgeschlossen war, bevor ein erzähltes Geschehen begann, z. B.: *Nachdem die Einwanderer angekommen waren, begannen sie mit der Eroberung des neuen Kontinents.*
Futur I	– wenn etwas erst in der Zukunft geschieht, z. B.: *Indianer wird es auch im 3. Jahrtausend geben.* – wenn Vermutungen ausgesprochen werden, z. B.: *Vermutlich wird sich ihre Zahl verringern.*

2 a Ermittle in den folgenden Sätzen alle Zeitformen. Ordne sie nach Präsens- und Präteritumformen in eine Tabelle ein.

(1) Die Bezeichnung „Indianer" stammt von Kolumbus.
(2) Dieser glaubte nämlich, in Indien zu sein, als er auf dem westlichen Seeweg Land entdeckte.
(3) Die Menschen des fernen Westens nannte er deshalb „Indios".
(4) Mit diesem Begriff bezeichnete man bis in die Mitte des 19. Jahrhunderts sowohl Inder als auch Indianer.
(5) Viele denken bei dem Stichwort „Indianer" an Männer in Skalphemden, die auf schnellen Pferden über die Prärie reiten und mit Kriegsgeschrei den Tomahawk schwingen.
(6) Dieses Bild passt aber nur auf die Prärie-Indianer, von denen es nur wenige gab und auch nur für kurze Zeit.

Wortarten und Wortformen

(7) Indianer waren und sind alle Ureinwohner Amerikas.
(8) Der Indianer ist auch nicht rothäutig, er hat eine gelbbraune Hautfarbe.
(9) „Rothaut" nannte man ihn wegen seiner roten Körper- und Gesichtsbemalung.

b Warum wurde in manchen Sätzen das Präsens und in anderen das Präteritum verwendet?

> **Präsens** und **Präteritum** sind Zeitformen, die nur aus einer finiten Verbform bestehen. Sie werden deshalb **einfache Zeitformen** genannt, z. B.:
>
> Präsens: *Die Bezeichnung „Indios" stammt von Kolumbus.*
> Präteritum: *Kolumbus nannte die Menschen des fernen Westens „Indios".*

3 a Wie heißen in der folgenden Übersicht die fehlenden Formen des Präsens bzw. des Präteritums? Übertrage die Tabelle in dein Heft.

Infinitiv	Präsens	Präteritum
vergessen	du vergisst	du …
bekommen	du …	du bekamst
hinfallen	du fällst hin	du …
abschließen	du …	du schlossest ab
erkennen	du …	du …

b Überprüfe die Schreibung der von dir ergänzten Formen. Nutze dafür ein Rechtschreibwörterbuch.

 Du kannst auch ein Computer-Rechtschreibprogramm zu Hilfe nehmen.

4 Schau dir die Beispiele im folgenden Rahmen genau an und versuche herauszufinden, wie die zusammengesetzten Zeitformen gebildet sind.
Benenne die beiden Bestandteile jeweils genau.

➡ S. 118 und 119: *Rahmen 1 und 3.*

> **Perfekt**, **Plusquamperfekt** und **Futur I** bestehen jeweils aus einer finiten und einer infiniten Verbform. Sie werden deshalb **zusammengesetzte Zeitformen** genannt, z. B.:
>
> Perfekt: *Die Indianer sind vor etwa 25 000 Jahren eingewandert.*
>
> Plusquamperfekt: *Sogar bis an die Südspitze Amerikas waren sie gelangt.*
>
> Futur I: *Ich werde das in dem Buch „Sie alle heißen Indianer" nachlesen.*

5 a Welche der unterstrichenen Verbformen stehen im Plusquamperfekt?

(1) Die Indianer im östlichen Waldgebiet <u>lebten</u> ganz anders als die Prärie-Indianer.
(2) Sie <u>hatten</u> feste Dörfer <u>angelegt</u> und <u>bauten</u> Feldfrüchte <u>an</u>, vor allem Mais, Bohnen und Kürbisse.
(3) Einige Waldstämme <u>hatten</u> es im Feldbau schon sehr weit <u>gebracht</u>, obwohl sie nur Werkzeuge aus Holz, Stein und Knochen <u>verwendeten</u>.
(4) Meist <u>siedelten</u> sie an Bächen oder Flüssen.
(5) Mit ihren leichten Birkenrindenbooten <u>kamen</u> sie auch auf dem kleinsten Wasserlauf <u>voran</u>.

b Woran hast du die Plusquamperfektformen erkannt?
Kannst du auch erklären, warum sie hier gebraucht werden müssen?

➔ S. 121: *Zeitformen der Verben*. Wenn du unsicher bist, lies dort noch einmal nach.

6 Schreibe die Sätze ab und ergänze die Verbformen im Perfekt.

(1) Wann … Kolumbus Amerika … (entdecken)?
(2) Nach ihm … weitere Seefahrer und Einwanderer aus Europa … (kommen).
(3) Sie … die Ureinwohner des Kontinents allmählich … (verdrängen).
(4) Ihr … davon sicher schon … oder … (hören, lesen).
(5) … ihr schon einmal im Karl-May-Museum in Radebeul bei Dresden … (sein)?

7

a In den folgenden Sätzen wird zukünftiges Geschehen zum Ausdruck gebracht.
Schreibe alle Verbformen untereinander auf.
Notiere in Klammern dahinter die jeweilige Zeitform.

 Achtung! Nicht immer wird zukünftiges Geschehen durch das Futur I ausgedrückt.

(1) Am Wochenende wird ein Indianerfest stattfinden. (2) Veranstalter ist das Indianermuseum Radebeul. (3) Es werden sogar Indianer aus Amerika teilnehmen. (4) Am Sonnabend wird der Tag der Sioux-Indianer sein. (5) Die Männer werden Tipis aufbauen und verschiedene Stammesbräuche vorführen. (6) Die Frauen wollen indianische Gerichte kochen und Schmuck herstellen. (7) Indianische Künstler verkaufen ihre Werke. (8) Am Abend wird eine Band Westernmusik spielen. (9) Eine andere Gruppe wird Tänze vorführen. (10) Weißt du was, wir werden da mal hinfahren!

Schreibe: (1) wird stattfinden (Futur I)
(2) ist (Präsens)
(3) ...

b Durch welche beiden Zeitformen kann zukünftiges Geschehen ausgedrückt werden?

c Wie kannst du noch ausdrücken, dass etwas erst in der Zukunft stattfinden wird?

8 a Bilde aus den folgenden Stichpunkten Sätze. Sie sollen zum Ausdruck bringen, dass etwas erst in der Zukunft stattfinden wird. Verwende Futur- oder Präsensformen.

– mit dem Auto fahren
– früh am Morgen starten
– auch Tim und Christine mitnehmen
– vielleicht echten indianischen Federschmuck kaufen
– auf jeden Fall ein Indianerzelt von innen anschauen
– zum ersten Mal indianische Speisen probieren

b Lest euch eure Sätze gegenseitig vor. Welche Zeitform habt ihr häufiger verwendet?
Könnt ihr auch sagen, warum?

Substantive / Nomen

1 a Einen Text ohne Substantive kann man fast gar nicht verstehen, weil die Wörter fehlen, die Lebewesen oder Gegenstände benennen.
Lest den folgenden Text einmal vor. Dann werdet ihr es merken.

„Geld-Reise" von Handrücken zu Handrücken

(1) Es werden zwei ... gebildet. (2) Der erste ... jeder ... hat ein ... auf dem ... liegen.
(3) Er legt, ohne seine andere ... zu benutzen, das ... dem nächsten ... auf den ... .
(4) Die ... wandert so bis zum letzten ... . (5) Fällt ein ... herunter, beginnt die ... beim ersten ... von neuem.

b Versucht die fehlenden Substantive zu ergänzen, sodass ein sinnvoller Text entsteht.
Aus den folgenden Substantiven könnt ihr auswählen:
Geld, Geldstück, Hand, Handrücken, Mannschaft, Mitspieler, Münze, Reise.

> Mehr als die Hälfte aller Wörter unseres Wortschatzes sind **Substantive** (Hauptwörter, Dingwörter). Sie **bezeichnen** z. B. **Lebewesen** (*Kind, Hund*), **Gegenstände** (*Buch, Tasche*) und **Gefühle** (*Freude, Hoffnung*).

2 Ordne die Substantive von A bis Z danach, was sie bezeichnen.
Leg dir eine Tabelle mit drei Spalten an: Lebewesen, Gegenstände, Gefühle.

Ein Substantiv-Alphabet

Angst	Fotoapparat	Kinder	Portmonee	Unmut	Zylinder
Ball	Glück	Liebe	Qualle	Vase	
Creme	Hofhund	Menschen	Rennräder	Wecker	
Decke	Ilona	Nagel	Schmerz	Xylophon	
Einwohner	Jäger	Oldtimer	Trikot	Yvonne	

> Wenn wir **Substantive in Sätzen** verwenden, verändern sie sich.
> Sie stehen dann **in einem bestimmten Fall (Kasus)**. Es gibt vier Fälle:
>
> | | Frage | Beispiel |
> |---|---|---|
> | **Nominativ** (1. Fall) | *Wer? / Was?* | *der Hund* |
> | **Genitiv** (2. Fall) | *Wessen?* | *des Hundes* |
> | **Dativ** (3. Fall) | *Wem?* | *dem Hund* |
> | **Akkusativ** (4. Fall) | *Wen? / Was?* | *den Hund* |
>
> Die Bildung der vier Fälle heißt **Deklination** (Beugung).

3 a In den folgenden Sätzen muss das Substantiv *der Wachhund* jeweils in einem anderen Fall verwendet werden. Setze ein und bestimme den Fall.

(1) Wir befestigen … an der Leine. (2) Felix bringt … das Futter. (3) Vater füllt Wasser in den Napf … . (4) … bellt vor Ungeduld.

b In einem Text sollte man ein und dasselbe Substantiv nicht mehrmals wiederholen. In welchem der vier Sätze würdest du es ersetzen? Tauscht euch darüber aus.

4 In welchem Fall stehen die unterstrichenen Substantive? Nutze die Frageprobe.

(1) <u>Markus</u> geht in die vierte Klasse. (2) Er interessiert sich sehr für <u>den Fischotter</u>. (3) Während der Herbstferien konnte er im Tierpark <u>einen Fischotter</u> beobachten. (4) Ein paar Tage später hat er sich dann aus der Stadtbücherei <u>ein Buch</u> über diese Marderart ausgeliehen und daraus viel über die Lebensgewohnheiten <u>dieses Tieres</u> erfahren. (5) <u>Bilder</u>, die ihm gut gefallen, hat er abgezeichnet. (6) <u>Seinen Mitschülerinnen und Mitschülern</u> hat Markus neulich <u>einen richtigen kleinen Vortrag</u> über die Familie <u>der Otter</u> gehalten.

5 a *der Cola, die Saft, das Bonbon* – richtig oder falsch? Korrigiere.

b Es ist nicht immer einfach, das Genus (grammatisches Geschlecht) eines Substantivs zu bestimmen. Vermutlich bist auch du mitunter unsicher. Das Genus erkennt man am bestimmten Artikel (Geschlechtswort).
Schreibe die folgenden Substantive mit dem richtigen Artikel auf. Nimm ein Wörterverzeichnis zu Hilfe.

Meter, Liter, Benzin, Kilo, Kartoffel, Gulasch, Keks, Butter, Lasso, Mosaik, Gummi

6 a

Heißt es nun Slalomstöck<u>e</u> oder Slalomstöck<u>er</u> aufstellen?

Ludwig und Edgar fahren mit ihren Schiern einen Hang hinunter. Nach einigen Abfahrten macht Ludwig den Vorschlag: „Wir stellen unsere Stöcker so auf, dass wir Slalom fahren können." Edgar wendet ein: „Dazu brauchen wir mehr als unsere vier Stöcke. Das geht erst, wenn noch andere Läufer da sind und wir viele Stöcke aufstellen können." Aber Ludwig gibt nicht auf: „Lass es uns doch versuchen! Ich stelle meine Stöcker im oberen Teil auf, du deine im unteren."

Ludwig und Edgar verwenden das Substantiv *Stock* in unterschiedlichen Pluralformen. Welches ist die richtige Form? Schlage im Wörterbuch bei der Singularform nach.

Substantive/Nomen

b Auch in dieser Zusammenstellung gibt es zwei falsche Pluralformen. Welche?

der Dom – die Dome
der Pantoffel – die Pantoffeln
das Sofa – die Sofas
der Park – die Parks
das Mädchen – die Mädchens

der Sattel – die Sättel
der Band – die Bände
das Band – die Bänder
der Nachbar – die Nachbars
der Hof – die Höfe

c Verbessere und schreibe alle Wörter in dein Heft.
Unterstreiche und erläutere die Veränderungen in den Pluralformen.

> Jedes Substantiv hat ein **Genus** (grammatisches Geschlecht), das man am bestimmten Artikel erkennt, z. B.:
> männlich: <u>der</u> *Raum*, weiblich: <u>die</u> *Stube*, sächlich: <u>das</u> *Zimmer*.
>
> Wenige Substantive haben ein **doppeltes Genus**, z. B.:
> <u>der</u> *Gulasch* oder <u>das</u> *Gulasch*.
>
> Substantive haben auch einen **Numerus** (eine Zahl):
> Singular: *(der/ein) Raum*, Plural: *(die) Räume*.

7 a Bestimme Genus und Numerus der folgenden Substantive. Wenn du unsicher bist, nimm ein Wörterbuch zu Hilfe.

Mann, Klassen, Lehrerin, Fahrrad, Straßen, Kind, Freizeit, Zäune, Baum

b Kannst du den Numerus der Substantive hier eindeutig bestimmen? Versuche es.

Lehrer, Mitschüler, Zimmer, Igel, Bienenzüchter, Käfer, Kalender, Kegel

Begleiter des Substantivs

> Substantive können Begleiter bei sich haben, durch die sie näher gekennzeichnet werden.
> Solche **Begleiter des Substantivs** sind z. B.:
>
> – der bestimmte Artikel (Geschlechtswort): <u>der</u> *Mann*,
> – der unbestimmte Artikel: <u>ein</u> *Mann*,
> – ein Possessivpronomen (besitzanzeigendes Fürwort): <u>sein</u> *Deutschheft*.
>
> An den Begleitern kannst du Genus, Numerus und Kasus (den Fall) der Substantive meist eindeutig erkennen.

Wortarten und Wortformen

8 a Der folgende Textausschnitt stammt aus einem Büchlein von Hans Joachim Schädlich. Es heißt „Der Sprachabschneider". Was könnte dieser Titel meinen?

(1) Paul will gerade sein Deutschheft aufschlagen, als es an der Wohnungstür klingelt. (2) Paul öffnet. (3) Vor der Tür steht ein Mann mit einem Holzkoffer. (4) Der Mann sagt mit brummender, knarrender und ächzender Stimme: „Mein Name ist Vielolog. (5) Ich möchte dir einen Vorschlag machen." (6) Dabei klopft er auf seinen Koffer. (7) „Ich übernehme eine Woche lang deine Hausaufgaben, wenn du mir alle Präpositionen und – sagen wir mal – die bestimmten Artikel gibst."

b Probiert einmal aus, wie es sich anhört, wenn ihr alle im Rahmen (S. 127 unten) genannten Begleiter der Substantive weglasst. Welche Probleme entstehen?

c Schreibe aus dem Text alle Substantive heraus, die folgende Begleiter bei sich haben:

Substantive mit bestimmtem Artikel	Substantive mit unbestimmtem Artikel	Substantive mit Possessivpronomen
(an) der Wohnungstür	ein Mann	sein Deutschheft
...	...	...

9 a Ersetze in den folgenden Wortgruppen den bestimmten Artikel durch das in Klammern stehende Possessivpronomen.

(1) von dem Vorschlag überrascht sein (sein)

(2) die bestimmten Artikel weggeben (mein)

(3) den Holzkoffer verwundert betrachten (sein)

(4) Mutter mit der ständigen Frage (ihr)

(5) „Hast du die Hausaufgaben gemacht?" (dein)

(6) die Folgen des Tauschs nicht bedenken (sein)

(7) von der Wirkung der Sprache zu wenig wissen (unser)

(8) die Leistung all der Wörter kennen lernen (euer)

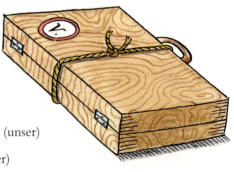

Schreibe: (1) von seinem Vorschlag überrascht sein, (2) ...

b Wie hat sich der Sinn der Wortgruppen durch den Austausch verändert?

Substantive/Nomen

c Bestimme jeweils den Fall, in dem das Substantiv und sein Begleiter in den Beispielen (1) bis (8) aus Aufgabe 8 a auf S. 128 stehen.

10 Übertrage die Tabelle in dein Heft und fülle die Lücken aus.

Singular			
1. Fall (*Wer?/Was?*)	mein Bruder	deine Schwester	sein Kind
2. Fall (*Wessen?*)	…	…	seines Kindes
3. Fall (*Wem?*)	meinem Bruder	…	…
4. Fall (*Wen?/Was?*)	…	deine Schwester	…

Plural			
1. Fall (*Wer?/Was?*)	unsere Brüder	eure Schwestern	ihre Kinder
2. Fall (*Wessen?*)	unserer Brüder	…	…
3. Fall (*Wem?*)	…	euren Schwestern	…
4. Fall (*Wen?/Was?*)	…	…	ihre Kinder

Personalpronomen (persönliche Fürwörter) als Stellvertreter des Substantivs

11 Diesen Textanfang hat ein Schüler der 3. Klasse geschrieben:

Ich gehe jeden Donnerstag zum Fußballtraining. Das Training wird von Herrn Luck geleitet. Bei Herrn Luck lernen wir sehr viel. Herr Luck war früher selbst ein guter Fußballer. …

Und das ist der Anfang eines Textes, den ein Schüler der 5. Klasse geschrieben hat:

Ich gehe jeden Donnerstag zum Fußballtraining, das von Herrn Luck geleitet wird. Bei ihm lernen wir sehr viel, denn er war früher selbst ein guter Fußballer. …

a Lies beide Textanfänge laut vor. Welcher gefällt dir besser? Begründe deine Meinung.

b Welche Wörter hat der Schüler der 5. Klasse verwendet, um die Wiederholung eines Substantivs zu vermeiden?

Anstelle von Substantiven kannst du **Pronomen** (Fürwörter) verwenden, um störende Wortwiederholungen zu vermeiden. Dein Text wird dadurch abwechslungsreicher und flüssiger.

12 In dem folgenden Text gibt es einige Pronomen, die für Personen stehen. Sucht sie gemeinsam heraus.

(1) Herr Luck pfeift und versammelt die Kinder von zwei Übungsgruppen um sich. (2) Er sagt: „Wir trainieren heute gemeinsam mit den Mädchen und bilden vier gemischte Mannschaften. (3) Ich bestimme nur die Torleute. (4) Sie stellen sich ihre Mannschaften selbst zusammen. (5) Paul, Norbert, Jenny und Anne – ihr geht ins Tor. (6) Anne, du wählst dir als Erste fünf Mitspielerinnen und Mitspieler aus."

> Die Wörter *ich, du, er, sie, es; wir, ihr, sie* können für eine Person oder Sache stehen. Sie heißen **Personalpronomen** (persönliche Fürwörter), z. B.:
>
> *Der Übungsleiter ruft die Kinder zusammen.*
>
>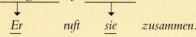
>
> *Er   ruft   sie   zusammen.*

13 Schreibe den Text ab. Unterstreiche die Substantive *Anne, Norbert* und *Freunde*. Markiere anschließend die Personalpronomen, die sie im Text vertreten.

(1) Anne überlegt: Nehme ich mehr Jungen oder mehr Mädchen in meine Mannschaft? (2) Doris blinzelt ihr zu, aber Anne übersieht das. (3) Da sie nicht weiß, wie die Jungen spielen, wählt sie drei Mädchen. (4) Norbert freut sich. (5) Er holt sich seine Freunde in die Mannschaft. (6) Sie hatten sich schon zu ihm hingedrängt. (7) Nun stehen sie um ihn herum und versuchen, ihn bei der Auswahl zu beeinflussen. (8) Aber der Übungsleiter erlaubt das nicht.

14 Schreibe ab und setze die richtigen Personalpronomen ein.

(1) Paul will Juliane in seine Mannschaft holen. (2) Aber … mag … nicht und lehnt ab. (3) Paul ärgert sich und schimpft. (4) Herr Luck geht zu … und beruhigt … . (5) Und zu Juliane sagt … : „… musst … in die Gruppe einordnen und darfst … nicht vom Spiel abhalten." (6) Nun bleibt … nichts anderes übrig. (7) Missmutig trottet … zu Pauls Gruppe.

Adjektive (Eigenschaftswörter)

1 Eine Werbeagentur will ein Haarwuchsmittel anpreisen, das dem Benutzer Haare verspricht, wie Rapunzel sie hatte. Die Werbefachleute haben für den Text mithilfe eines Brainstormings diese Wortliste zusammengestellt:

kräftig, derb, dick, dicht, lang, gesund, seidig, geschmeidig, weich, schwarz, blond, golden, edel, glatt, wellig, lockig, elastisch, haltbar, belastbar, formbar, schuppenfrei

a Was sind das für Wörter?

b Schreibe die Wörter auf, die du für den Werbetext *Haar wie Rapunzel* auswählen würdest. Begründe deine Auswahl.

> **Adjektive** (Eigenschaftswörter) **bezeichnen Eigenschaften** von Lebewesen, Dingen und Vorgängen. Mit ihrer Hilfe kannst du Substantive genauer beschreiben, z. B.:
> *Sie hat langes, blondes, welliges Haar.*

2 Um für ein Produkt zu werben, verwenden die Werbefachleute in ihren Anzeigen oft zusammengesetzte Adjektive, etwa mit *super-* oder *mega-*, oder auch Verbindungen mit *extrem, äußerst, unglaublich, sagenhaft* usw.

a Welche Adjektive aus deiner Sammlung in Aufgabe 1b könntest du in dieser Weise verstärken? Schreibe mindestens drei Beispiele auf.

Beispiele: superdick, sagenhaft lang, …

b Wer hat die besten Ideen? Wer macht die beste Werbung?
Versucht in Partnerarbeit ein Werbeplakat unter dem Motto *Haar wie Rapunzel* zu gestalten. Verwendet dabei Text und Bild.

3 a Auch in dem folgenden Werbetext kommen zahlreiche Adjektive vor.
Wie gefällt dir der Text?

> Nur durch unser unglaublich wirkstoffreiches und wohlschmeckendes
>
> S T I E F E L K A T
>
> wird aus Ihrem Schmusekaterchen ein kluger, aktiver, unternehmungslustiger Geselle, ein verständnisvoller und unterhaltsamer Gefährte, der Sie jeden Tag überreich beschenkt – ganz so wie der märchenhafte gestiefelte Kater.
> Deshalb: Jeden Tag eine Portion S T I E F E L K A T, weil es Gold wert ist!

b In diesem Text sind die meisten Adjektive Attribute zu einem Substantiv.
Schreibe sie mit dem Substantiv auf, das sie näher bestimmen.

➥ S. 102–103: *Attribute*.

> Du weißt, dass **Adjektive als vorangestellte Attribute** Substantive näher bestimmen können. Sie stimmen dann in Kasus (Fall) und Numerus (Zahl) mit dem Substantiv überein, z. B.:
>
> *Der große schwarze Kater gehört einer sonderbaren alten Frau.*
>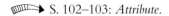
>   (Nominativ)   (Dativ)
>
> ➥ S. 102: *Rahmen*.
> S. 125: *Rahmen unten*.

4 a Schau dir die folgenden Sätze an. Welche Märchen wurden für die Werbung genutzt?

(1) Mit unserem hochwirksam… und völlig unschädlich… Schlaftrunk werden Sie schlafen wie einstmals D… .
(2) Millionen von Naschkatzen lassen sich seit H…s und G…s Zeiten jedes Jahr aufs Neue von diesen zuckersüß…, knusperbraun… Lebkuchen verlocken.
(3) Auf Ihre schneeweiß… Haut, Ihre blutrot… Lippen und Ihre ebenholzgleich… Augenbrauen wäre sogar Sch… neidisch.
(4) In unserem Mühlenrestaurant erwartet Sie täglich ein T… mit lecker… und nahrhaft… Speisen und Getränken.

b Setze die richtigen Endungen bei den Adjektiven ein und schreibe die Wortgruppen auf.

Schreibe: (1) mit unserem hochwirksamen und völlig unschädlichen Schlaftrunk, (2) seit …

Mithilfe von Adjektiven kannst du die Eigenschaften von Lebewesen, Dingen und Vorgängen in unterschiedlichen Graden bezeichnen, d. h., du kannst sie miteinander vergleichen. Zu diesem Zweck werden die **Adjektive gesteigert**:

Positiv (Grundstufe):   das *kluge* Kind   *Es ist (so) klug (wie ich).*
Komparativ (Mehrstufe):   das *klügere* Kind   *Es ist klüger (als andere).*
Superlativ (Meiststufe):   das *klügste* Kind   *Es ist am klügsten von allen.*

Das **Vergleichswort** beim Positiv lautet *wie*, das Vergleichswort beim Komparativ *als*.

5 Schreibe ab und ergänze die fehlenden Steigerungsformen. Suche auch zusammengesetzte Adjektive, die der Steigerung dienen.

Positiv	Komparativ	Superlativ	zusammengesetzte Adjektive
dünn	dünner	am dünnsten	hauchdünn
alt	…		
hart			
groß			
hoch			

6 In der Werbesprache werden oft Wortformen erfunden, um für Produkte zu werben, z. B. zusammengesetzte Adjektive wie:

weich – weicher – kuschelweich oder *weiß – weißer – …weiß.*

Wer kennt weitere Beispiele? Vielleicht könnt ihr ja auch gemeinsam welche erfinden.

7 a Lies einmal, wie sich der Anfang des Märchens vom Rotkäppchen in der Werbesprache anhört. Wie gefällt dir der Text, den ein Schriftsteller so umgeschrieben hat?

(1) Es war einmal ein Kind, das hieß Rotkäppchen, weil es stets ein knallrotes Käppchen trug: kochecht, waschmaschinenfest, mit doppeltem Mittelstück und praktischem Verschluss. (2) Zu dem sprach die Mutter, eine nicht alltägliche Frau: „Geh zur Großmutter, denn sie ist krank, weil sie nicht bei der supergünstigen *Messalina Sach und Leben* versichert ist. (3) Bring ihr ein paar Dinge des gehobenen Bedarfs: gaumenfreudige Kartoffeln, Fleisch von glücklichen Ochsen, sahnigen Käse vom Fuße der Alpen und einen Wein von …"

b Suche alle Adjektive aus dem Text heraus. Welche davon findest du ungewöhnlich?

c Sicher kennst du das Märchen. Versuche einmal, es in der Werbesprache noch ein Stückchen weiterzuschreiben. Ihr könnt auch zu zweit arbeiten.
Stellt eure Texte in der Klasse vor. Wer hat die werbewirksamsten Adjektive gefunden?

Wortbildung und Schreibung

Zusammengesetzte Substantive

1

(1) Paul, der Junge aus dem Büchlein „Der Sprachabschneider", macht sich auf den Schulweg. (2) Das Erste, was er sieht, ist ein riesiger weißer Baum, der hoch am Himmel über Paul hinwegschwebt. (3) Ein schwebender Himmelsbaum, denkt Paul. (4) Ein weißer Riesenbaum. (5) Ein riesiger Weißbaum über Paul. (6) Nach sieben langsamen Schritten ist der Baum ein Elefant. (7) Sechs Schritte später ist der Elefant eine Lokomotive. (8) Fünf Schritte später ist die Lokomotive ein Bett. (9) Der Wind macht aus der Wolke, was er will: einen Wolkenbaum, einen Wolkenelefanten, eine Wolkenlokomotive, ein Wolkenbett.

a Paul hat viel Fantasie. In einer Wolke am Himmel sieht er einen Baum. Um den Baum genauer zu bezeichnen, verwendet er zusammengesetzte Substantive. Welche sind das?

b Wie verwandelt sich die Wolke in Pauls Fantasie? Welche Wörter verwendet er dafür?

c Untersucht gemeinsam, wie die Baum- und Wolkenwörter gebildet sind. Woraus setzen sie sich zusammen?

Zusammensetzungen entstehen, wenn zwei Wörter miteinander verbunden werden und ein neues Wort mit einer neuen Bedeutung entsteht, z. B.:

Baum + *Riese* = *Baumriese* oder *Riese(n)baum*.

Zusammensetzungen haben ein **Grundwort** und ein **Bestimmungswort**, z. B.:

Bestimmungswort	+	Grundwort	=	zusammengesetztes Wort
Wolke	+	*Baum*	=	*Wolke(n)baum*
Wolke	+	*Lokomotive*	=	*Wolke(n)lokomotive*

Das Bestimmungswort bestimmt das Grundwort näher.

Zusammengesetzte Substantive

2 Falsch zusammengesetzt! Wie heißen die richtigen Zusammensetzungen?

Bandarmuhr   Angrünlage   Stückspausefrüh   Lauflangstrecke
Mitessentag   Haupthofbahn   Hochvolksschule   Tennistischtraining

---

Zwischen Bestimmungswort und Grundwort kann ein Fugenelement stehen.
Solche **Fugenelemente** sind –s–, –n– oder –er–, z. B.:

Himmel   s   baum
Wolke   n   bett
Kind   er   traum

---

3 Bilde so viele Zusammensetzungen wie möglich. Verwende die Substantive in der linken Spalte als Bestimmungswörter, die in der rechten Spalte als Grundwörter. Vergiss das Fugen-s nicht.

Geburt	Schloss
Sicherheit	Zeit
Wohnung	Schlüssel
Weihnacht	Platz
Unglück	Tag
Arbeit	Stelle

Beispiel: Geburt|s|tag, ...

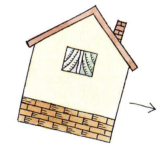

4 Bandwurmwörterspiel

An einem Regentag spielen der zehnjährige Bastian und sein jüngerer Bruder Jonas längere Zeit im Garten. Als es ihnen langweilig wird, kommt Bastian auf die Idee, gemeinsam Bandwurmwörter zu bilden. Er beginnt mit dem Wort *Schloss*
5 und fordert seinen Vater auf, einen weiteren Bestandteil hinzuzufügen. *Schlosshof*, sagt der Vater, die Mutter erweitert zu *Schlosshofhund*. Jonas, der das Prinzip noch nicht versteht, kann keinen Beitrag leisten. Bastian ergänzt zu *Schlosshofhundehütte*, der Vater zu *Schlosshofhundehüttendach*. Und so geht es noch ein
10 bisschen weiter, bis dreizehn Wörter aneinander gereiht sind. Dann tritt Stille ein, weil niemandem mehr ein passendes Wort einfällt.

Beginnt mit einem anderen Wort und versucht, ob ihr eine sinnvolle vierzehnteilige Zusammensetzung zustande bringt.

Wortbildung und Schreibung

5
Der Bandwurmwörtersammlungsabschnitt

Ihr könnt so vorgehen:
Gebt eine bestimmte Zeit vor – vielleicht zehn Minuten.
Arbeitet einzeln, zu zweit oder auch in Vierergruppen. Bildet ein möglichst langes, aber sinnvolles Bandwurmwort.
Vergleicht eure Ergebnisse anschließend und stellt fest, wer oder welche Gruppe das längste sinnvolle Wort gebildet hat.

6 Wie man mit zusammengesetzten Substantiven Sätze verkürzen kann

Jakob ist stolz auf sein Werk. Er hat die spannenden Schulsportwettkämpfe zu einem Bericht für die Schülerzeitung „Blitzlicht" zusammengefasst.
Seine Tante, die bei einer Zeitung arbeitet, liest den Artikel und sagt: „Nicht schlecht! Wir bei der Zeitung würden den Text aber an einigen Stellen ändern. Wir haben nie so viel Platz, wie wir eigentlich brauchen. Und unsere Leser wollen sich schnell informieren. Vor allem aber wollen wir ihr Interesse und ihre Aufmerksamkeit wecken. Schau dir z. B. deinen letzten Satz an: *Alles in allem war das Sportfest eine gelungene Veranstaltung*. Daraus machen wir: *Das Sportfest war ein Volltreffer*."

a Lies nun einmal selbst Auszüge aus Jakobs Bericht.

> Blitzlicht aktuell:
>
> (1) An der feierlichen Eröffnung nahmen alle Schüler der 5. bis 9. Klassen teil. (2) Zuerst wurden die Läufe auf den kürzeren Strecken gestartet. (3) Julia B. und Josi R. waren mit schnellen Zeiten überraschenderweise die Siegerinnen bei den Mädchen. (4) Bei den Jungen siegten – wie alle erwartet hatten – die Favoriten Karl S. und Sebastian W., aber nur mit einem sehr knappen Vorsprung vor den Läufern auf dem zweiten und dritten Platz. ... (5) Im abschließenden Lauf erzielte die Staffel der 5b die beste Zeit, während die 5c keine Chance auf den Sieg hatte. ... (6) Alles in allem war das Sportfest eine gelungene Veranstaltung.

b Einige Stellen in Jakobs Bericht sind unterstrichen. Sie können mithilfe von zusammengesetzten Substantiven kürzer oder treffender ausgedrückt werden. Versuche den Text in dieser Weise zu überarbeiten.

Schreibe: (1) An der Eröffnungsfeier ... . (2) ...

c Setze den Bericht fort. Schreibe z. B. einen Abschnitt über eine andere Sportart. Verwende aussagekräftige zusammengesetzte Substantive.

Abgeleitete Substantive   137

7 a Was ist
– eine Windmühle,
– eine Wassermühle,
– eine Ölmühle,
– eine Kaffeemühle?

b Was kannst du an diesen Beispielen über die Art und Weise von Zusammensetzungen erkennen?

Abgeleitete Substantive

Neben der Zusammensetzung gibt es noch eine zweite Form der Wortbildung: die **Ableitung**.
Ableitungen entstehen durch

– Anfügen eines **Suffixes** (einer Nachsilbe) an den **Wortstamm**,
– Voranstellen eines **Präfixes** (einer Vorsilbe),
– Veränderung des **Stammvokals**.

Präfix	Wortstamm	Suffix
	SPRECH	ER
BE	SPRECH	UNG
	SPRACH	E
GE	SPRÄCH	

8 a In dem folgenden Text wurden mehrere Substantive verwendet, die durch Ableitung entstanden sind. An den beiden unterstrichenen Beispielen ist die Bildungsweise leicht zu erkennen.
Schreibe diese beiden Wörter untereinander und veranschauliche ihre Bauform. Nutze als Muster den Rahmen oben.

(1) Paul hat eine besondere <u>Neigung</u>. (2) Vieles von dem, was er sieht oder hört, malt er sich in seiner Fantasie weiter aus. (3) Die meisten Mitschüler haben dafür wenig Verständnis. (4) Sie lachen oft über seine ungewöhnlichen Vorstellungen. (5) Aber Paul überhört ihr Gelächter. (6) Er ärgert sich nicht über dieses Missverständnis. (7) Die Lehrerinnen und <u>Lehrer</u> nutzen manchmal seine ungewöhnliche Vorstellungskraft, aber meistens ermahnen sie ihn wegen seiner Verträumtheit.

b Suche noch zwei weitere abgeleitete Substantive aus dem Text heraus. Veranschauliche ihre Bauform wie in Aufgabe a.

Wortbildung und Schreibung

9 Wer kennt die meisten Wörter mit diesen Suffixen?

| -heit | -keit | -ung | -schaft | -nis | -tum |

Wörter mit diesen Suffixen sind Substantive und werden immer großgeschrieben.

10 a Welche von diesen Substantiven kennst du? Erkläre sie.

Ur-	Miss-
Urwald	Misserfolg
Urmensch	Missernte
Ureinwohner	Missgeschick
Urgeschichte	Misstrauen
Urgestein	Missbrauch
Urform	Misshandlung
Urgroßeltern	Missgunst

b Schreibe die Wörter in dein Heft. Füge nach Möglichkeit noch ein bis zwei Beispiele hinzu.

11 a Du weißt, abgeleitete Substantive können auch durch Veränderung des Stammvokals entstehen.
Leite aus den folgenden Verben durch Veränderung des Stammvokals Substantive ab.

→ S. 137: *Rahmen*.

schließen, beschließen, entwerfen, ziehen, genießen, springen, einbinden, betreiben

Schreibe: *schließen – der Schluss, …*

b Setze die von dir gebildeten Substantive in die folgenden Wortgruppen ein.

(1) zum … über die Latte ansetzen, (2) den … der Erzählung noch nicht kennen, (3) den … der Vögel beobachten, (4) einen … des Berichts anfertigen, (5) einen … gründen, (6) das Wörterbuch mit einem festen … herstellen, (7) im Stadtrat einen … fassen, (8) den Pudding mit großem … essen

---

Zerlege beim Schreiben zusammengesetzte und abgeleitete Substantive in ihre **Wortbauteile**. Das Erkennen von Wortstamm, Präfixen (Vorsilben) und Suffixen (Nachsilben) bzw. Grundwort, Fugenelement und Bestimmungswort hilft dir, sie richtig zu schreiben.
Man nennt dieses Vorgehen die **Zerlegeprobe**.

12 a Schreibe die Substantive ab und zerlege sie durch Striche in ihre Wortbauteile.

Verbrennung, Entdeckung, Landschaft, Erlebnis, Missachtung, Rundfunk, Heftpflaster, Kurzschluss, Erdölleitung, Radfahrerin, Reißverschluss, Abbildung, Verbesserung, Gleichheit, Stadtteil, Kunststück, Unterrichtsstunde

Schreibe: Ver | brenn | ung, …

b Lass dir anschließend von deiner Nachbarin / deinem Nachbarn zehn Beispiele diktieren. Zerlege die Beispiele, während du schreibst, in Gedanken in ihre Wortbauteile. Überprüft das Ergebnis gemeinsam.

13 Das gedankliche Zerlegen von Wörtern in ihre Wortbauteile ist nicht zu verwechseln mit der Worttrennung am Zeilenende. Hierbei trennst du nicht nach Bauteilen, sondern nach Sprechsilben.

Trenne die folgenden Wörter nach Sprechsilben, d. h., trenne sie so, wie du sie am Zeilenende trennen müsstest.

Verbrennung, Entdeckung, Missachtung, Heftpflaster, Erdölleitung, Radfahrerin, Abbildung, Verbesserung, Unterrichtsstunde

Schreibe: Ver-bren-nung, …

S. 163: *Worttrennung*.

Zusammengesetzte Verben

1 a Wer kann aus diesen unverständlichen Sätzen sinnvolle Sätze bilden? Es sind nur kleine Veränderungen nötig. Wähle von den folgenden Wortbauteilen die passenden aus.

hin	ab	ein	vor	durch	nach	herein
herab	an	weg	hoch	auf	über	

(1) Beim Kontrollieren darf man keine Fehler *sehen*.
(2) Tina wollte ihre Schuld nicht *sehen*.
(3) Frau Mohring muss noch zehn Arbeiten *sehen*.
(4) Wichtig ist, dass du genau *siehst*, immer auf diesen Punkt.
(5) Sobald du vom Blatt *siehst*, wird die Augenbewegung registriert.
(6) Wir möchten uns die Ausstellung *sehen*.

b Versuche zu erklären, was die zusammengesetzten Verben in den sechs Sätzen bedeuten.

c Welche anderen Zusammensetzungen mit dem Verb *sehen* gibt es noch?

Wortbildung und Schreibung

2 Die folgenden Wortgruppen enthalten zusammengesetzte Verben. Schreibe sie heraus. Kennzeichne die beiden Teile der Zusammensetzung mit unterschiedlichen Farben.

ein Hindernis umfahren, alle Regeln wiederholen, die Skizze abändern, den Text ins Englische übersetzen, am Training regelmäßig teilnehmen, sehr traurig heimgehen, das Geheimnis nicht preisgeben, sich beim Fernsehen langweilen

3 Setze die Wortbauteile so zusammen, dass an der Wortfuge zwei gleiche Buchstaben aneinander stoßen. Markiere diese Stelle nach dem Aufschreiben farbig.

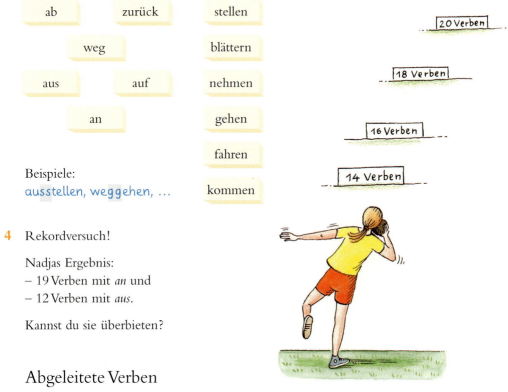

Beispiele: ausstellen, weggehen, ...

4 Rekordversuch!

Nadjas Ergebnis:
– 19 Verben mit *an* und
– 12 Verben mit *aus*.

Kannst du sie überbieten?

Abgeleitete Verben

5 a Gleiches Verb – unterschiedliche Präfixe – unterschiedliche Bedeutungen
Setze die Präfixe *be-*, *ent-*, *er-*, *ver-* und *zer-* richtig ein.

(1) alles beim Alten …lassen
(2) jemandem die Strafe …lassen
(3) die Schüler mit einer Abschlussfeier aus der Schule …lassen
(4) sich auf seinen Freund …lassen
(5) die Butter in der Pfanne …lassen

b Kannst du die unterschiedlichen Bedeutungen der fünf Verben erklären?

Abgeleitete Verben 141

Auch **Verben** können mithilfe von Präfixen (Vorsilben) **abgeleitet** werden.
Durch das Voranstellen von Präfixen verändert sich die Bedeutung der Verben, z. B.:
raten – beraten – erraten – missraten – verraten.

6 Schau dir die folgende Übersicht an. Welche der Präfixe können welchen Verben vorangestellt werden, sodass sinnvolle Ableitungen entstehen?
Gib die Wörter in den Computer ein und erprobe Kombinationsmöglichkeiten.

be-	zer-	er-	ver-	ent-
…	…	…	…	…

antworten, legen, finden, raten, siegen, beißen, halten, rechnen, dienen, drücken, kennen, richten, enden, kratzen, holen, binden

7 a Ordne die folgenden Verben mit dem Präfix *zer-* den abgebildeten Gegenständen zu. Bilde kurze Sätze.

zerreißen
zerknüllen
zerbrechen
zerschlagen
zerschneiden
zerdrücken

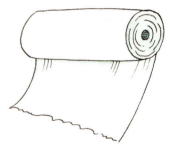

Beispiel: *Papier kann man zerreißen.*

b Welche Bedeutung hat das Präfix *zer-* in diesen Wörtern?

8 Wie heißt das Gegenteil? Welches Präfix musst du zu Hilfe nehmen?

(1) Die Zeichnung ist sehr gut geraten. Sie ist …raten.
(2) Er hat Vaters Worte genau verstanden. Er hat sie … .
(3) Der letzte Versuch ist gut gelungen. Er ist … .
(4) Meine Freundin billigt meine Entscheidung. Sie … sie.
(5) Mir gefällt dein Verhalten. Mir … dein Verhalten.
(6) Der Hund wurde korrekt behandelt. Er wurde … .

9 a Das Verb *schwächeln* ist ein neues Wort, das noch nicht im Wörterbuch verzeichnet ist. Kannst du erklären, was es bedeutet? Von welchem Wort ist es abgeleitet und auf welche Weise?

b Sucht ähnlich gebildete Verben und erläutert ihre Bedeutung.

Wortbildung und Schreibung

Wortverwandtschaft und Wortfamilien

1 a Schau dir diesen „Wörterbaum" an. Welche Wörter sind Zusammensetzungen, welche sind Ableitungen?

Wörter im Baum (Stamm: **lehr**):
- Lehrbuch
- Lehrausbildung
- Lehrgang
- Lehrwerkstatt
- Musiklehrerin
- Fahrlehrer
- Gärtnerlehre
- lehrreich
- belehren
- Belehrung
- gelehrt
- Gelehrter
- Lehrer
- Lehrerin
- belehrbar
- unbelehrbar
- lehren
- Lehre
- Lehrling

b Warum ist es eine Hilfe bei der Rechtschreibung, wenn du die Verwandtschaft von Wörtern kennst und beachtest?

c Diktiert euch die Wörter des „Wörterbaums" gegenseitig.

2 Gestaltet selbst einen solchen Wörterbaum. Eine Gruppe sammelt Verwandte mit dem Wortstamm BAU; die andere Gruppe sammelt Verwandte mit dem Wortstamm ZAHL.

Achtung! Die Aufgabe für die zweite Gruppe ist schwieriger. Warum?
Schaut mal ins Wörterbuch.

	FAHR	EN
BE	FAHR	EN
	FAHR	T
GE	FÄHR	T
	FAHR	BAR
	FAHR	ZEUG
	FAHR	ER
AN	FAHR	EN

Alle **Wörter mit dem gleichen Wortstamm** sind miteinander verwandt, sie bilden eine **Wortfamilie**.

Wortfamilien entstehen durch Ableitung und Zusammensetzung.

Wortverwandtschaft und Wortfamilien 143

3 a Lege eine Tabelle nach diesem Muster an und ordne die Wörter mit dem Wortstamm SCHNEID richtig ein.

schneiden	Schneider	Schneide	Schnitt	Schnitte

Schneiderei, abschneiden, zerschneiden, Haarschnitt, Weißbrotschnitte, Schnittfläche, wegschneiden, Schneidezahn, Brotschneidemaschine, Durchschnitt, Wurstschnitte, Schneiderwerkstatt, Schneiderin, durchschneiden, Schneiderschere, Querschnitt, Schnittlauch, Messerschneide

b Welche Wörter sind Zusammensetzungen, welche Ableitungen?

→ S. 134: *Zusammensetzungen*.
S. 137: *Ableitungen*.

4 a In diesem Wirrwarr sind Wortpaare verborgen, die miteinander stammverwandt sind.
Schreibe sie paarweise nebeneinander auf.
Begründe, warum du jeweils ein Wort mit *ä* schreiben musst.

Fläche, Entäußerung, Ernährung, nahrhaft, verändern, Gelände, einschärfen, kalt, flach, schämen, Scham, anders, Land, scharf

b Gestalte selbst eine solche Wirrwarr-Aufgabe für deine Mitschülerinnen und Mitschüler. Beziehe dabei – auch mithilfe eines Wörterbuchs – neben stammverwandten Wörtern mit *a-ä* auch solche mit *o-ö*, *u-ü* und *au-äu* ein, z. B. Ort – örtlich, Stunde – stündlich, Haus – Häusermeer.
Tauscht die Aufgaben in der Klasse aus und vergleicht anschließend eure Lösungen.

5 Gehören die folgenden Wörter in einer Zeile jeweils zu einer oder zu zwei verschiedenen Wortfamilien? Wende dazu die Bedeutungsprobe an.

Taschenmesser, Geschwindigkeitsmesser, Küchenmesser, Luftdruckmesser;
Stubenhocker, Holzhocker, Melkhocker, Kantenhocker

Wortbedeutung

Wortfelder

1

a Benenne möglichst genau, wie die abgebildeten Personen essen.
Verwende Wörter wie *schlingen, einen Imbiss zu sich nehmen, …*

b Sicher fallen dir noch weitere bedeutungsähnliche Wörter für das Verb „essen" ein.
Sammelt sie gemeinsam an der Tafel.

> Wörter und sprachliche Wendungen, die eine ähnliche Bedeutung haben, bilden ein **Wortfeld**. Wenn du viele Wörter eines Wortfeldes kennst, kannst du dich **genauer ausdrücken**.

2 a Versuche, die unterstrichenen Wörter oder Wortgruppen durch geeignete Wörter aus dem Wortfeld „essen" zu ersetzen. Schreibe die Sätze auf.

(1) Katja hat wieder lustlos an ihrer Stulle <u>gegessen</u>.
(2) Du sollst dein Abendbrot nicht so <u>schnell essen</u>.
(3) Mitja muss immer etwas <u>zwischen den Mahlzeiten essen</u>.
(4) Beim Ausflug haben wir <u>im Freien gegessen</u>.
(5) Das Fleisch musst du <u>gründlich essen</u>.
(6) Hör auf, so <u>laut zu essen</u>.
(7) Zum 70. Geburtstag meines Großvaters haben wir richtig <u>festlich gegessen</u>.

b Vergleiche deine Sätze mit den Ausgangsbeispielen. Was fällt dir auf?

3 Jeweils ein Wort gehört nicht in das Wortfeld. Welches?

(1) Kirsche – Erdbeere – Tomate – Birne – Apfel
(2) Nil – Saale – Elbe – Ostsee – Havel – Rhein
(3) grinsen – schmunzeln – feixen – grienen – glotzen – lachen
(4) Katze – Fuchs – Luchs – Eisbär – Eidechse – Panter
(5) mager – schlank – dürr – dünn – knochig – klein

Wortfelder / Über- und Unterordnung

4 Auch Substantive können Wortfelder bilden.
Welche weiteren Wörter zum Wortfeld „Gebäude" fallen dir ein?

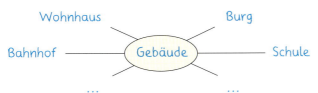

5 Veranstaltet einen kleinen Wortfeldwettbewerb. Bildet dazu Gruppen. Jede Gruppe versucht, möglichst viele Wörter zu den Wortfeldern aufzuschreiben. Vereinbart eine Zeit. Die Gruppe, die insgesamt die meisten Wörter findet, hat gewonnen.

(1) Wortfeld „trinken".
(2) Wortfeld „Gebäude zur Bewirtung Fremder"
(3) Wortfeld „Schreibgerät"

➜ S. 73: *Die Wortwahl überprüfen.*
S. 50: *Einen Gegenstand beschreiben.*

Über- und Unterordnung

6 Vergleiche, wie Nikola und Mark ihre Notizen für einen Kurzvortrag über die Olympischen Spiele angeordnet haben. Welche Unterschiede stellst du fest?

Mark:

- 1896 Athen – 1. Sommerspiele/ 1924 Chamonix (Frankreich) – 1. Winterspiele
- in Olympia (im antiken Griechenland) – alle 4 Jahre Wettkämpfe ausgetragen
- dauerten 3 Tage; heute 14 Tage
- Sommerspiele, z. B. Paris 1900, London 1908, Mexiko 1968, München 1972, Sydney 2000
- Winterspiele, z. B. Sapporo 1972, Innsbruck 1976, Salt Lake City 2002
- Leichtathletik, Turnen, Wassersport, Reitsport, Kampfsport, Fünfkampf
- 5 Ringe symbolisieren 5 Erdteile
- max. 3 Athleten je Disziplin je Land zugelassen

Nikola:

Geschichte: Olympia (antikes Griechenland)
alle 4 Jahre
1896 Athen: 1. Sommerspiele der Neuzeit
1924 Chamonix (Frankreich):
1. Winterspiele
Symbol: 5 Ringe = 5 Erdteile
Sportarten:
Sommerspiele:
Leichtathletik, Turnen, Kampfsport, …
Winterspiele: Eislaufen, Skilaufen, …
Dauer: 14 Tage
Teilnahmebedingungen:
max. 3 Athleten je Disziplin + Land …
Austragungsorte:
Sommerspiele, z. B.: Paris 1900,
London 1908, München 1972, Sydney 2000
Winterspiele, z. B.: Sapporo 1972,
Innsbruck 1976, Salt Lake City 2002

Wortbedeutung

> Bedeutungsverwandte Wörter kannst du in **Ober-** und **Unterbegriffe** einteilen. Mithilfe von Oberbegriffen kannst du **Ordnung** in deine Aufzeichnungen bringen. Ein Begriff kann dabei sowohl Oberbegriff als auch Unterbegriff sein, z. B.:
>
> **Oberbegriff:** *Leichtathletik* *Sportart*
> **Unterbegriff:** *Hürdenlauf* *Leichtathletik*

➡ S. 80: *Einen Kurzvortrag halten.*

7 Hier hat sich in jede Reihe ein „schwarzes Schaf" eingeschlichen. Suche es heraus. Wie lautet der Oberbegriff?

(1) Basketball – Wasserball – Gummiball – Volleyball
(2) Gold – Silber – Medaille – Bronze
(3) schreiten – rudern – marschieren – stolzieren
(4) flink – hurtig – eilig – fleißig

8 Suche zu den Oberbegriffen „Kleidung", „lachen" und „Fahrzeuge" möglichst viele Unterbegriffe.

> In einer **Mindmap** kannst du deine Gedanken in eine bildhafte Ordnung bringen. Stell dir eine Art Baum vor: In der Mitte steht wie ein Baumstamm das Thema, von dem die Hauptgedanken (Oberbegriffe) als Äste abgehen, die sich zu den Unterbegriffen und Beispielen hin verzweigen.

➡ S. 36: *Mindmap.*

9 a Vergleiche die abgebildete Mindmap mit Nikolas Notizen für den Kurzvortrag aus Aufgabe 6 auf S. 145.

b Versucht nun, gemeinsam eine Mindmap zum Thema „Kleidung" oder „Fahrzeuge" zu erstellen. Nutzt dazu eure Ergebnisse aus Aufgabe 8.

Richtig schreiben

Aus Fehlern lernen

1. Leute, die tausende von Schüleraufsätzen und Diktaten untersucht haben, fanden dabei Folgendes heraus:
Die meisten Schülerinnen und Schüler können in der 5. Klasse gut und richtig schreiben. Es gibt aber einige Rechtschreibklippen, bei denen immer wieder Fehler gemacht werden. Fünf dieser schwierigen Fälle findest du auf der nächsten Seite. Du kannst dich anhand der Beispielwörter selbst überprüfen:
Wo bin ich sicher? Welches sind meine Rechtschreibklippen?

a So solltest du vorgehen:

1. Lege ein DIN-A4-Blatt nach dem Muster auf S. 148 an und übertrage alle fett gedruckten Angaben.
   Du kannst hierbei auch den Computer benutzen.
2. Dann trägst du die Wortgruppen – möglichst richtig ergänzt – ein.
3. Überprüft anschließend in Partnerarbeit und mithilfe eines Wörterbuchs oder eines Computer-Rechtschreibprogramms, ob ihr richtig eingesetzt habt.
4. Verbessere die Fehler und notiere hinter jeder Spalte die Fehlerzahl.
5. Nun kannst du erkennen:
   Das sind meine Stärken. Aber diese und ähnliche Schreibungen muss ich noch üben.

b Tauscht euch über eure Ergebnisse aus und sprecht auch über folgende Fragen:

(1) Was müssen wir besonders üben?
(2) Wie können wir üben?
(3) Wer kennt Lern- oder Rechtschreibhilfen, die das Schreiben leichter machen?
(4) Wer hat mit einer bestimmten Arbeitstechnik gute Erfahrungen gemacht?

Auf den S. 149–159 findet ihr nicht nur Übungen, sondern auch Proben und Hinweise, die euch bei der Rechtschreibung helfen können. Probiert sie aus.

Häufig vorkommende Wortstämme

Überprüfe dich selbst und erkenne deine Fehler.   Fehlerzahl

1. *d* oder *t*? *b* oder *p*? *g* oder *k*?

den Unterschie… feststellen, Mitlei… erregen,
sei… gestern hier sein, anstrengen… sein;
in den Klu… gehen, nicht erlau…t sein,
die Hau…tstadt besuchen;
das Flu…modell einfliegen,
das richtige Wer…zeu… benutzen

2. *e* oder *ä*? *eu* oder *äu*?

den Plan …ndern, sich anst…ndig verhalten,
die Arbeit be…nden, Buchstaben erg…nzen,
das Ger…t einschalten, sich die Haare k…mmen;
viele L…te treffen, sich h…slich einrichten,
das Geb…de besichtigen, den B…tel mitnehmen

3. Langer Stammvokal (Selbstlaut) – wie schreibe ich ihn?

die Gefa…r erkennen, in der Mü…le wo…nen,
die Wa…rheit sagen, Musik h…ren, die Aufgabe erkl…ren,
zi…mlich schwi…rig sein, es gi…bt Regen, man si…t es

4. Doppelter Konsonant (Mitlaut) oder nicht?

Er trif…t sie am Montag. – Das Radio ist eingeschal…tet.
Das Auto wurde gestop…t. – Sie wol…te gehen.
Du darfst dich nicht erkäl…ten. – Ich bin geran…t.
Es ist kaput… . – Du hast dich geir…t. – Ich habe mir
einen Überblick verschaf…t. – Es hat geklap…t.

5. *s* oder *ss* oder *ß*?

die mei…ten Punkte erzielen, drau…en bleiben,
ein bi…chen schlafen, zuverlä…ig sein, er lie…t ein
Buch, die Blumen gie…en, den Au…wei… zeigen,
das Gra… abmähen, sie i…t Abendbrot

Wörter mit *b, d, g* und *p, t, k*

Häufig vorkommende Wortstämme richtig schreiben

Wörter mit *b, d, g* und *p, t, k* am Stammende

1 Einer liest die folgenden Wörter vor, alle anderen achten auf die Aussprache der Buchstaben am Wortende. Was stellt ihr fest?

(1) das Sieb, der Typ, der Wettbewerb, das Lob, das Mikroskop
(2) der Wald, kalt, die Naht, der Pfad, das Geld, das Gehalt
(3) das Werk, der Berg, der Gestank, der Schlag, der Vertrag

---

lan k oder *lan g*? – Die **Verlängerungsprobe** hilft:

Im Auslaut werden *b, d, g* immer wie *p, t, k* gesprochen. Verlängere die Wörter, indem du z. B. den Plural (Substantive) oder eine Steigerungsform (Adjektive) bildest. Dann sprichst und hörst du deutlich *b, d, g* und musst sie auch schreiben, z. B.:

lang – län g er, also: *lan g*.

---

2 a Probiere die Verlängerungsprobe bei den Wörtern der Aufgabe 1 aus.

b Arbeite gemeinsam mit deiner Nachbarin / deinem Nachbarn. Einer diktiert alle Wörter der Aufgabe 1, der andere schreibt sie auf und macht dabei im Stillen die Verlängerungsprobe. Dann werden die Rollen getauscht. Zum Schluss korrigiert ihr eure Fehler. Wenn ihr unsicher seid, schlagt in einem Wörterbuch nach.

3 *b, d, g* oder *p, t, k*? Was musst du einsetzen? Schreibe ab und fülle die Lücken aus.

Auch hierbei hilft dir die Verlängerungsprobe. Bilde den Infinitiv der Verben. Schreibe ihn so wie im Beispiel in Klammern hinter die finite Verbform.

(1) Mein kleiner Bruder he…t alles auf und brin…t die ungewöhnlichsten Dinge mit nach Hause. (2) Kürzlich fan… er in Opas Keller ein kleines Fläschchen. (3) Es war ganz verstau…t und fest verschrau…t. (4) Es enthiel… eine graue Flüssigkeit. (5) Vati war etwas aufgere…t, als ihm dieser Fund gezei…t wurde. (6) „Möglicherweise Quecksilber", sagte er, „das muss entsor…t werden. (7) Ich bringe es am Sonnabend zum Schadstoffmobil."

Schreibe: (1) Mein kleiner Bruder hebt alles auf (aufheben) und bringt (bringen) die ungewöhnlichsten Dinge mit nach Hause. (2) …

Häufig vorkommende Wortstämme

> *seit* oder *seid*? – Hier hilft die Verlängerungsprobe nicht. Aber das kannst du dir leicht merken:
> Wenn *seit* den Beginn eines Zeitraums ausdrückt, dann wird es mit *t* geschrieben.

4 Schreibe ab und setze richtig ein.

(1) Wo … ihr gewesen?
(2) Wie weit … ihr gekommen?
(3) … wann regnet es?
(4) Wie oft … ihr dort gewesen?
(5) Es regnet … ungefähr einer Stunde.
(6) Warum … ihr zu spät gekommen?
(7) Wir wohnen hier schon … April.

Wörter mit *s, ss, ß* im Wortstamm

1 Sprecht die folgenden Wörter überdeutlich und achtet dabei auf den *s*-Laut.
Was könnt ihr beobachten?

das Glas	– die Gläser	der Spaß	– spaßig
das Los	– die Lose	groß	– größer
der Preis	– die Preise	der Fleiß	– fleißig
das Eis	– eisig	süß	– süßen
die Maus	– die Mäuse	er schließt	– schließen

> *Ohne Flei? kein Prei?* – Musst du *s* oder *ß* nach langem Stammvokal (Stammselbstlaut) oder nach Diphthongen (Doppellaute *ei/ai, au, eu/äu*) am Stammende schreiben?
> Die **Verlängerungsprobe** hilft dir auch bei dieser Entscheidung:
> Sprichst oder hörst du in der verlängerten Form ein stimmhaftes *s*, dann musst du am Stammende *s* schreiben, z. B.:
> *Prei s – Prei s e*, aber: *Flei ß – flei ß ig*, also: *Ohne Flei ß kein Prei s*.

2a Präge dir die Schreibung der folgenden Wörter mit *ß* ein.
Sprich sie dir leise vor. Man muss hören, dass der Stammvokal oder der Diphthong lang ist und dass das *ß* stimmlos gesprochen wird.

er aß, außen, außer, bloß, draußen, dreißig, es fließt, der Fuß, sie fraßen, die Größe, grüßen, er heißt, der Kloß, das Maß, der Ruß, die Reißzwecke, der Stoß, der Spieß, der Strauß, die Straße, der Schweiß, die Soße

Wörter mit s, ss, ß

b Lass dir die Wortliste aus Aufgabe a von S. 150 von deiner Nachbarin / deinem Nachbarn diktieren. Tauscht anschließend die Rollen.

c Schreibe eine Fantasiegeschichte. Verwende möglichst viele Wörter aus der Wortliste.

3 Lege in deinem Heft eine Tabelle nach diesem Muster an:

langer Stammvokal oder Diphthong + s	langer Stammvokal oder Diphthong + ß

Mach nun in Gedanken die Verlängerungsprobe und ordne die folgenden Wörter mit *s* oder *ß* richtig in deine Tabelle ein. In Zweifelsfällen benutze ein Wörterbuch.

wei… wie Schnee sein, ein Bewei…stück haben, einen Hinwei… geben,
eine krei…förmige Bewegung machen, sehr hei… sein,
die Fu…ballspielerin, ein Sto…zahn, ungelö…te Kriminalfälle, ein kleiner
Blumenstrau…, ein lieber Geburtstagsgru…

4 Übertrage die Tabelle in dein Heft. In jeder Zeile der Tabelle findest du eine Wortfamilie. Ordne zu jeder sechs bis acht stammverwandte Wörter in die richtige Spalte ein.

langer Stammvokal + ß	kurzer Stammvokal + ss
fließen, …	Flüsschen, …
schließen, …	Schloss, …
Maß, …	messen, …

5 Verwende diese Zusammensetzungen mit *lassen* in kurzen Sätzen. Schreibe sie auf.

Infinitiv	Präsens	Präteritum
loslassen	Er lä…t ihre Hand los.	Er lie… ihre Hand los.
hereinlassen	Sie …	Sie …
weglassen	…	…
nachlassen		
zulassen		
zurücklassen		

6 Diktiert euch gegenseitig nacheinander vier der folgenden Sätze. Achtet dabei besonders auf die Schreibung der Wörter aus der Wortfamilie *wissen*.

(1) Bettina weiß die richtige Antwort. (2) Ich habe nicht gewusst, dass du so viele Wissenslücken hast. (3) Der Großvater von Janine ist ein bekannter Wissenschaftler. (4) Weißt du schon, wann unsere Klassenfahrt stattfindet? (5) Ich wusste nicht, was ich zuerst machen sollte. (6) Wer sich nicht informiert, bleibt unwissend. (7) Ich weiß es nicht genau. (8) Das wüsste ich gern von dir.

152 Häufig vorkommende Wortstämme

7 Achtung! Hier verbergen sich zwei Fehler. Wer findet sie zuerst?

> aufgespießt   paß auf
>
> **anschließend**   bloß   Ä u ß e r u n g
>
> Gerichtsprozess   Quergasse
>
>   außerdem
>
> Reisepass   LADENSCHLUSSGESETZ
>
>   draußen
>
>   **Baumassnahme**
>
> ungewiss   selbstbewusst

Wortstämme in verwandten Wörtern

1 *e* oder *ä*? Prüfe, ob du stammverwandte Wörter kennst, und schreibe die Beispiele auf.

erg…nzen ⟶ verwandtes Wort: *ganz*, also: *ergänzen*
Gel…nde ⟶ verwandtes Wort: …, also: …
kr…ftig ⟶ verwandtes Wort: …, also: …
schl…ngeln ⟶ verwandtes Wort: …, also: …
…rgerlich ⟶ verwandtes Wort: …, also: …
t…glich ⟶ verwandtes Wort: …, also: …
m…rkwürdig ⟶ verwandtes Wort: …, also: …

> Wenn du unsicher bist, ob ein Wort mit *e* oder *ä* bzw. *eu* oder *äu* geschrieben wird, mache die **Verwandtschaftsprobe**: Prüfe, ob du ein stammverwandtes Wort mit *a* bzw. *au* kennst. Wenn ja, dann musst du *ä* bzw. *äu* schreiben, z. B.:
>
> Sp [e/ä] ne? ⟶ verwandtes Wort: *Span*, also: *Späne*
>
> Geb [eu/äu] de? ⟶ verwandtes Wort: *bauen*, also: *Gebäude*

2 *eu* oder *äu*? Schreibe ab und setze richtig ein. Eine Hilfe: Zwei Reimwörter werden mit *äu* geschrieben. Warum? Schreibe die stammverwandten Wörter daneben.

H…te – L…te – Br…te – B…te – h…te – M…te

Wortstämme in verwandten Wörtern / Typische Buchstabenverbindungen

3 Jeweils drei Wörter sind miteinander verwandt. Schreibe sie nebeneinander auf.

ändern, Schädling, schwärzen, Städtchen, ängstlich, anders, geschwärzt, schadhaft, Angst, städtisch, beängstigend, Großstadt, Veränderung, schwarz, schädlich

Schreibe: ändern – anders – Veränderung, ...

4 Einfacher oder doppelter Konsonant?

Nutze die Verwandtschaftsprobe. Frage dich: Welches verwandte Wort kann ich richtig schreiben?
Übertrage die Übersicht danach in dein Heft und ergänze die fehlenden Buchstaben.

der He...scher	⟶ verwandtes Wort: *Herr*,	also: *Herrscher*
die Ke...tnisse	⟶ verwandtes Wort: ...,	also: ...
die Re...strecke	⟶ verwandtes Wort: ...,	also: ...
die Sa...lung	⟶ verwandtes Wort: ...,	also: ...
die Sti...ung	⟶ verwandtes Wort: ...,	also: ...
die Kle...erstange	⟶ verwandtes Wort: ...,	also: ...

Typische Buchstabenverbindungen

1 In den folgenden Wörtern fehlt immer die Buchstabenverbindung *mpf*. Sie bereitet vielen von euch, aber auch manchen Erwachsenen, Schreibschwierigkeiten.
Beobachte beim Aufschreiben, wie es bei dir ist.

empfehlen	der E...ang	e...indlich
die E...ehlung	e...angen	e...inden
es e...iehlt sich	der E...änger	die E...indungen
es wird e...ohlen	e...änglich	e...unden

> Im Deutschen gibt es bestimmte **typische Buchstabenverbindungen**, z. B.:
>
> *pfl, tz, ck, lz, nz, rz, nk, lk, rk* wie in:
> Pfl anze, Schni tz el, Spe ck , Wa lz e, Tä nz erin, Stu rz , Ba nk , Ba lk en, We rk .
>
> Manche **Buchstabenverbindungen** dagegen sind **nicht möglich**, z. B.:
>
> Nach *l, n, r,* das merke ja, steht nie *tz* und nie *ck*.

2 Gib deiner Nachbarin / deinem Nachbarn eine Buchstabenverbindung aus dem Rahmen oben vor. Sie/Er soll möglichst viele Wörter damit aufschreiben. Überprüft gemeinsam die Schreibung mithilfe eines Wörterbuchs. Tauscht dann die Rollen.

Häufig vorkommende Wortstämme

3 Achte bei diesen Wörtern auf *lz, nz* und *rz*.	Achte bei diesen Wörtern auf *lk, nk* und *rk*.
Pelz, Holz, stolz, wälzen, Walze; Panzer, Tänzerin, einzeln, ganz, zwanzig, Pflanze; Scherz, Schmerz, Sturz, Wurzel, Arzt	Balken, welken, melken; Punkt, pünktlich, Krankheit, links, trinken, lenken, Geschenk, dunkel, Dank, Schwank; stärken, Stärke, Mark, Marke

a Schreibe die Wörter ab. Kringle die genannten Buchstabenverbindungen ein.

b Lass dir die Wörter von deiner Nachbarin / deinem Nachbarn diktieren. Überprüft anschließend gemeinsam, ob alles richtig ist.

4 Reime mit *lz, nz* und *rz*

Beim Tanzen gestürzt
und dabei die Pflanze gekürzt,
außerdem das Schmalzbrot mit zu viel Salz gewürzt.

Die Reime ergänzt
und stolz vor Juliane geglänzt,
aber die Sportstunde geschwänzt.

Reime weiter.

Wörter mit kurzem Stammvokal (Stammselbstlaut)

1 a Sprich die Wörter in den beiden Gruppen laut. Man muss hören, dass der Stammvokal kurz ist.

(1) die Staffel, der Ball, hell, kommen, die Sonne, die Gruppe, anfassen, das Wetter, bitten, die Strecke, gucken, die Hitze, verletzen

(2) bald, der Start, die Wolke, der Schwung, die Last, die Kapsel, der Funker

b Untersuche die Wörter in Aufgabe a. Versuche herauszufinden, wann der Konsonant (Mitlaut) verdoppelt wird und wann nicht.

> Folgt nach einem kurzen, betonten Vokal im Wortstamm nur ein Konsonant, dann wird dieser verdoppelt, z. B.:
>
> *die So nn e*, aber: *die Wo lk e*.

Wörter mit kurzem Stammvokal 155

2 Doppelkonsonant oder nicht?
Schreibe die betreffenden Wörter ab.
Prüfe vor dem Schreiben, ob du einen oder zwei Konsonanten schreiben musst, indem du eine zweisilbige Wortform bildest.

(1) Die Fa(l)schirmspringer machen sich bereit. (2) Alle sind vo(l) konzentriert. (3) Einige haben den Blick zu Boden gese(n)kt. (4) Andere schauen wie geba(n)t zur Decke. (5) Als das Kommando ertönt, schaut der erste Springer gespa(n)t nach unten zur Erde. (6) Dann begi(n)t sein Sprung. (7) Er stürzt nach draußen und fä(l)t in die Tiefe. (8) Nach kurzer Zeit öffnet er den Fa(l)schirm. (9) Nur wenige Minuten später haben es alle gescha(f)t.

Noch eine Gelegenheit, die **Verlängerungsprobe** anzuwenden.
Wenn du unsicher bist, ob du einen Doppelkonsonanten schreiben musst oder nicht, kannst du das auf diese Weise überprüfen:
Du bildest von dem Wort eine zweisilbige Wortform. Dann hörst du meist deutlich, ob der Konsonant verdoppelt werden muss oder nicht, z. B.:

du sol ? st ⟶ *sollen,* also: *du sollst,*
es pas ? t ⟶ *passen,* also: *es passt,*
der Schnit ? ⟶ *Schnitte,* also: *der Schnitt,*
aber: *wil ? d* ⟶ *wilde,* also: *wild.*

3 Welche Rechtschreibbesonderheiten haben die folgenden Wörter? Wodurch ist diese Besonderheit zustande gekommen?

Schwimmmeisterschaft, Kaffeeernte, Fetttopf, Missstimmung, Schifffahrt, Brennnessel

4 Falsch zusammengesetzt!
Bei richtiger Zusammensetzung ergeben sich neun Wörter mit drei gleichen Buchstaben an der Wortfuge. Schreibe sie auf.

Sperrsatz, Schlussnessel, Bettstimme, Basstuch, Brenntropfen, Fettstimmung, Misstänzerin, Ballettfahrt, Schiffriegel

Schreibe: Sperrriegel, ...

156 Häufig vorkommende Wortstämme

5 a Wenn du diese Wörterschlange zerlegst, erhältst du vier Wörter mit *ck* und vier Wörter mit *tz*. Schreibe sie untereinander auf.

> LACKSCHNITZELBENUTZERBLOCKSITZFLECKLOCKERSCHWITZEN

b Suche zu jedem Wort mit *ck* oder *tz* drei oder vier stammverwandte Wörter. Schreibe sie daneben.

6 Nach *l, n, r* – das merke ja – steht nie *tz* und nie *ck*!
Diese Regel kennt ihr schon. Sie lässt sich mit der Grundregel zur Verdopplung der Konsonanten (Mitlaute) erklären. Versucht es einmal.

7 Viele verschiedene Plätze – schreibe sie auf.

| Sitzplatz | Sport… | Rummel… | Dorf… | Rast… |
| St…platz | Spi… | Ten… | Mar… | Schlo… |

8 Das mündliche Ergänzen der folgenden Wortgruppen ist ganz einfach, das Aufschreiben schon schwieriger. Könnt ihr euch denken, weshalb?

 Versucht es trotzdem. Diktiert euch die Beispiele gegenseitig.

– trotz des Sturzes – trotzdem verschmutzen
– … vieler Schmerztabletten – tro…dem heizen
– … Arztbesuch und Schwitzkur – tro…dem schmelzen

Wörter mit langem Stammvokal

1 a Übertrage das Rätsel in dein Heft und versuche es zu lösen.

– Abdruck im Boden
– großer Mensch
– Teil des Gartens
– Vorderteil eines Schiffes
– Gerät zum Schneiden
– zwölf Monate

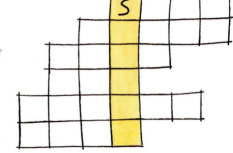

b Die Buchstaben in den gekennzeichneten Feldern ergeben ein Lösungswort. Vergleicht eure Lösungen.

c Untersucht anschließend gemeinsam:
Wie wird der Stammvokal in den Wörtern gesprochen, wie wird er geschrieben?

Wörter mit langem Stammvokal

Lang gesprochene Vokale werden **unterschiedlich geschrieben**:

- die meisten Wörter mit einfachem Vokal, z. B.: *Maler, leben, wir, loben, Spur;*
- manche Wörter mit *h* (Dehnungs-*h*), z. B.: *Jahr, Lehne, hohl, Ruhm;*
- einige Wörter mit doppeltem Vokal, z. B.: *Saal, Beere, Moor;*
- oft mit *ie* zur Kennzeichnung des langen *i*, z. B.: *Ziegel, Fliese, Spiel, schießen;*
- in ganz wenigen Wörtern mit *ih* und *ieh*, z. B.: *ihm, ihn, Vieh.*

2 a In diesem Wörterversteck sind waagerecht neun Wörter zu finden, in denen der lange Stammvokal nicht besonders gekennzeichnet ist.
Schreibe sie untereinander in dein Heft.

K	L	A	R	O	S	P	Ü	R	E	N
Q	U	Z	X	S	C	H	A	L	E	F
Z	W	A	R	X	H	Ö	R	E	N	L
N	A	M	E	H	O	L	E	N	U	P
S	P	A	R	E	N	G	W	A	R	E

b Schreibe zu jedem Wort zwei oder drei Verwandte auf.

3 Ein ungewöhnliches Wortungetüm

a Zerlege das Ungetüm in einzelne Wörter und schreibe sie nebeneinander.
Markiere das *h* und den folgenden Buchstaben.

b Ordne die folgenden Beispiele den vier Gruppen aus Aufgabe a zu.

wählen, der Verkehr, die Wohnung, nehmen, die Fehler, die Zahl, vornehm, der Lehrer, die Wahl, berühmt, die Zahlung, die Dehnung, entnehmen, ungewöhnlich, verzehren

4 a Wörter mit *h* am Ende des Wortstamms – schreibe sie auf. Kennzeichne das Ende des Wortstamms durch einen senkrechten Strich.

(1) Schuhe, Ruhe, ruhig, Drohung, früher, allmählich, mühsam
(2) gehen, mähen, nähen, drehen, stehen, geschehen, brühen, leihen

Schreibe: Schuh|e, …

b Prägt euch die Schreibung der Verbstämme in der zweiten Reihe ein, dann könnt ihr auch verwandte Wörter richtig schreiben, z. B.: *gehen – du gehst – der Gehweg.*
Überlegt, wie ihr beim Einprägen vorgehen könnt.

5 Schau noch einmal im Rahmen auf S. 157 nach, wie das lange *i* geschrieben werden kann. Lege eine Tabelle an und trage die folgenden Wörter richtig ein. Überprüfe die Ergebnisse mit einem Wörterbuch.

Z…l, v…l, L…ter, schw…rig, Benz…n, M…te, Absch…d, Kl…ma, pr…ma, h…r, schl…ßlich, v…lleicht, Vent…l, Kr…se, Br…f, T…ger, N…l, verl…ren, es g…bt

6 Wie heißen die vollständigen Wörter? Schreibe sie auf. Sie stehen in Aufgabe 5.

Es gibt **gleich klingende Wörter**, die aber unterschiedlich geschrieben werden. Die **Bedeutungsprobe** hilft dir, die richtige Schreibung zu finden, z. B.:

wieder – wider   wahr – war
Miene – Mine   Mahl – Mal
Lied – Lid   mahlen – malen
Stiel – Stil   Sohle – Sole
Fieber – Fiber

7 a Weißt du, was die Wortpaare im Rahmen bedeuten? Wenn du unsicher bist, schlage in einem Wörterbuch nach.

b Zeige die unterschiedliche Bedeutung der gleich klingenden Wörter, indem du fünf der Wortpaare in kurzen Sätzen verwendest.

Beispiel: Er sprach zu uns mit freundlicher Miene.
Die Mine meines Stifts ist abgebrochen.

8 Überprüfe dich selbst: Muss hier noch ein Buchstabe eingesetzt werden, um die Länge des Stammvokals zu kennzeichnen, oder nicht?

Bei Unsicherheit kannst du in einem Wörterbuch nachschlagen oder auch ein Computer-Rechtschreibprogramm nutzen.

die Spü…lmaschi…ne in Betri…b ne…men, vi…lleicht zum Absch…d belo…nt werden, den Zuhö…rern im Sa…l eine Geschichte erzä…len, das Gesche…en mit eigenen Worten wi…dergeben, eine gefä…rliche Spu…r marki…ren, die N…men gut hö…ren, mit der Fä…re über den Fluss fa…ren, an einer Stadtfü…rung teilne…men

Wörter auf *-ig, -lich, -isch*

1 Schreibe die folgenden Sätze ab und vervollständige die Wörter mit dem richtigen Suffix: *-ig, -lich* oder *-isch*. Zu welcher Wortart gehören die Wörter?

Das Hemd ist schmutz… . Du bist wohl neid…? Das Wetter war winter… . Das ist doch völl… klar. Sprich bitte deut…! War das gestern stürm…!

2 Sprich die Adjektive aus Aufgabe 1 leise vor dich hin. Welche Suffixe klingen im Auslaut gleich, welche ähnlich? Stelle sie in zwei Gruppen gegenüber.

ch-Laut	sch-Laut
schmutzig	…

3 a Schreibe die beiden Adjektive ab und zerlege sie durch einen senkrechten Strich in Wortstamm und Suffix. Wozu gehört jeweils das *l*? Kannst du daraus die unterschiedliche Schreibung der zwei Suffixe erklären?

mehlig – fröhlich

b Wende die Regel auf weitere Adjektive an. Schreibe sie nach ihren Suffixen in zwei Gruppen auf. Bilde mit ihnen Wortgruppen oder kurze Sätze.

fürchter…, öl…, empfind…, rechtwinkl…, zufäll…, sicher…

4 a Suche zu den folgenden Adjektiven das richtige Suffix und schreibe sie dann auf. Begründe deine Entscheidung.

wolk… – sommer… – automat… neugier… – neu… – krit…, eil… – täg… – regner… freiwill… – glück… – künstler…

b Bilde weitere Gruppen aus je drei Adjektiven mit jeweils unterschiedlichem Suffix.

Wörter mit den Suffixen *-ig, -lich* und *-isch* sind Adjektive und werden kleingeschrieben. Trotz gleicher bzw. ähnlicher Aussprache der Suffixe musst du ihre Schreibung genau unterscheiden:

an der **Aussprache**: *schmutzig* [ch-Laut], *deutlich* [ch-Laut], aber: *stürmisch* [sch-Laut],

beim **Vorkommen von *l***:
 wenn *l* am Ende des Wortstamms, dann *-ig* (*mehl | ig*),
 wenn *l* im Suffix, dann *-lich* (*fröh | lich*).

Groß- und Kleinschreibung

Großschreibung der Substantive

1 a Lies den folgenden Text.

Zwei kleine jungen sitzen im wartezimmer des arztes, ganz zappelig von der langen warterei. „Was fehlt euch denn?", fragt eine ältere dame, die unterhaltung sucht. „Ich hab eine große rote murmel verschluckt, die der doktor rausholen soll." „Und du bist wohl der begleiter oder der freund?" „Nein, das nicht, ich bin der besitzer der murmel."

b Wie ist es dir beim Lesen dieses Textes ergangen? Konntest du ihn schnell und ohne Mühe lesen?

2 Die deutsche Sprache ist die einzige in der Welt, in der Substantive großgeschrieben werden müssen. Wissenschaftler haben herausgefunden, dass die Großschreibung der Substantive Vorteile bietet. Wörter mit großen Anfangsbuchstaben können beim Lesen schneller erfasst werden, weil man sie eher erkennt. Deshalb haben die Deutschen beim Lesen leichte Vorteile, beim Schreiben aber, wie du aus eigener Erfahrung weißt, einige Nachteile.

Schreibe den Text aus Aufgabe 1 in richtiger Groß- und Kleinschreibung auf. Unterstreiche alle Substantive.

3 a Überprüfe, was du schon über die Großschreibung im Deutschen weißt. Zwei der folgenden Aussagen sind falsch. Finde heraus, welche.

(1) Satzanfänge werden großgeschrieben.
(2) Substantive nennt man auch Nomen.
(3) Nur Sachen, die man anfassen kann, werden großgeschrieben.
(4) Alle anderen Wörter, wie z. B. glück, erfolg, unterstützung, werden kleingeschrieben.
(5) Ein Erkennungszeichen sind Artikel, die vor jedem Substantiv stehen können.
(6) Artikel können jedes Wort zum Substantiv machen.

b Es gibt noch weitere wichtige Merkmale, um Substantive sicher zu erkennen. Welche? Zählt sie gemeinsam auf.

 S. 125–130: *Substantive*.

Großschreibung der Substantive

4 a Einige Substantive kannst du an typischen Wortbauteilen erkennen, die auch die hervorgehobenen Wörter im folgenden Text aufweisen. Um welche Bauteile geht es?

Aus dem Tagebuch eines Schiffbrüchigen (31. Dezember 1880)

(1) Noch in der frühen *Dämmerung* wurde ich wach, nicht die leiseste *Ahnung*, auf welcher Insel ich mich befand. (2) Ich kletterte von dem Baum, auf dem ich die Nacht verbracht hatte – eine erste *Gelegenheit*, meine *Umgebung* genauer zu betrachten.
(3) Blaues Meer, weißer Strand, Palmen über Palmen – die *Schönheit* der Natur war beeindruckend. (4) Dies ließ mich für den Augenblick meine *Einsamkeit* in der *Wildnis*, meine *Verzweiflung*, meine Trauer um die ertrunkene *Mannschaft* vergessen. (5) Aber bald meldete sich ein knurrender Magen. Meiner *Geschicklichkeit* war es zu verdanken, dass ich mich mit *Nahrung* ganz gut versorgen konnte: Kokosnüsse und Bananen von den Bäumen und Fische aus dem Meer. (6) Am Nachmittag, ich befand mich gerade auf einem Baum beim Ernten von Kokosnüssen, sah ich in der Ferne etwas Seltsames.
…

b Schreibe alle Wörter mit den Suffixen *-ung, -heit, -keit, -schaft, -nis* in eine Tabelle. Ergänze sie durch weitere Beispiele.

Schreibe:

-ung	-heit	-keit	-schaft	-nis
Dämmerung	…	…	…	…

> An den Suffixen *-ung, -heit, -keit, -schaft, -nis* erkennst du **Substantive**.
> Sie werden **großgeschrieben**, z. B.:
> *Rech<u>nung</u>, Frei<u>heit</u>, Heiter<u>keit</u>, Kamerad<u>schaft</u>, Zeug<u>nis</u>.*

5 Bilde aus den folgenden Wörtern mithilfe der Suffixe *-ung, -heit, -keit, -schaft, -nis* Substantive. Schreibe sie in einer Wortgruppe oder einem Satz auf.

gesund, hoffen, wagen, ersparen, entdecken, hindern, bereit, ereignen, frei, möglich, eigen, erlauben, leiden, bilden, aufmerksam, lösen, eigen, erleben, gerecht

Schreibung der Anredepronomen

1 a Lies Annas Briefe an Chris und an ihre Klassenlehrerin.

> Liebe Chris,
> ich möchte dich zu meinem Geburtstag am 22.2. einladen. Es wäre schön, wenn du um 16 Uhr zu mir kommen könntest. Noch eine Überraschung für dich: Frau Niemann, unsere Klassenlehrerin, kommt wahrscheinlich auch.
>   Tschüs! Deine Anna

> Liebe Frau Niemann,
> ich möchte Sie zu meinem Geburtstag am 22.2. einladen. Gegen 16 Uhr werden einige Freunde zu mir kommen. Ich hoffe, diese Zeit passt Ihnen auch.
> Mit freundlichen Grüßen
>   Ihre Anna

b Mit welchen Wörtern redet Anna ihre Freundin und ihre Lehrerin an? Unterscheide dabei Substantive und Pronomen.

c Wie werden die Anredepronomen am Wortanfang geschrieben? Welchen Unterschied stellst du dabei zwischen den beiden Briefen fest?

> Du weißt, normalerweise werden alle Pronomen kleingeschrieben. Das gilt im Allgemeinen auch für Briefe, z. B.:
> *ich, mein, du, dein, ihr, euer.*
>
> In der **höflichen Anrede** in Briefen werden die Pronomen *Sie* und *Ihr* und alle ihre Formen **großgeschrieben**, z. B.:
> *Ich danke Ihnen für Ihren Brief.*
>
> S. 22: *Karten, Briefe und E-Mails schreiben*.

2 Schreibe nun mit deiner Nachbarin / deinem Nachbarn zwei Briefe, in denen Anna erzählt, wie es ihr in der neuen Schule gefällt. Ein Brief ist an ihre Freundin aus der Grundschule gerichtet, der andere an ihre ehemalige Klassenlehrerin. Achtet auf die unterschiedliche Schreibung der Anredepronomen.

S. 127–129: *Possessivpronomen*.
S. 129–130: *Personalpronomen*.

Worttrennung

1 Sprich die folgenden Wörter langsam und gedehnt. Dadurch zerlegst du sie in Silben (Sprechsilben).

Frage, husten, Lehrer, lange, wecken, Eule, oben, Kellertür,
überholen, abschreiben, Strümpfe, Bastlerladen

> Am Zeilenende kann man mehrsilbige Wörter **nach Sprechsilben trennen**, z. B.:
> *Fra-ge, hus-ten, Kel-ler, o-ben.*
>
> In Zusammensetzungen und Wörtern mit Präfix trennt man zugleich **nach Wortbauteilen**, z. B.:
> *Kel-ler-tür, ü-ber-ho-len, be-stim-men.*

2 Hast du die Wörter in Aufgabe 1 „nach Gefühl" getrennt? Oder kannst du die Worttrennung mit Regeln begründen?

a Überprüfe mithilfe der folgenden Regeln, ob du die Wörter in Aufgabe 1 richtig getrennt hast. Ordne die Beispiele den Trennungsregeln zu.

1. Wenn an der Silbengrenze nur ein Konsonantenbuchstabe steht, so kommt er auf die neue Zeile.
2. Wenn an der Silbengrenze zwei oder mehr Konsonantenbuchstaben stehen, so kommt nur der letzte auf die neue Zeile.
3. Buchstabenverbindungen wie *ck, ch, sch, ph* oder *th* werden nicht getrennt.
4. Wenn eine Sprechsilbe nur aus einem Vokal besteht und am Wortanfang steht, kann nach der Silbe getrennt werden.

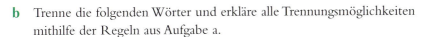

b Trenne die folgenden Wörter und erkläre alle Trennungsmöglichkeiten mithilfe der Regeln aus Aufgabe a.

lachen, Decke, waschen, rutschen, rannte, hoffte, Eisen, Uhu, Europa, Karpfen,
Sonne, schimpfen, Stephan, Rücken, Goethe, Fernheizung, Abendzeitung,
Belastung, lebensnotwendig, Vorratskeller, Verlängerungsprobe

3 In Zeitungen gibt es manchmal Fehler bei der Worttrennung, weil ein Computer-Trennprogramm benutzt wurde. Warum hat der Computer falsch getrennt? Begründe die richtige Worttrennung.

knus-prig, Han-dlung, ansch-reiben, Ert-rag, dreiteil-ig, zweifens-trig

Arbeitstechniken nutzen

Eine Fehlerkartei anlegen

1   Bestimmt hast du dir schon öfter einen Merkzettel geschrieben und ihn gut sichtbar angebracht, damit du ihn ständig vor Augen hast und nichts vergisst.
So ähnlich kannst du es auch mit Wörtern machen, deren Schreibung dir Schwierigkeiten bereitet. Du kannst sie in die Mitte einer Karteikarte oder einer Ringbuchseite schreiben, z. B. so:

der Bewei(s)		bewei(s)en
		abwei(s)en
der Nachwei(s)		
der Auswei(s)		du bewei(s)t
der Hinwei(s)	er bewei(s)t	sie bewei(s)t
der Verwei(s)		
		sie bewie(s)en
		abgewie(s)en
Er hat das nachgewie(s)en.		er bewie(s)
Sie haben keine Bewei(s)e.		
Das hat sich als richtig erwie(s)en.		

a   Vielleicht habt ihr schon mit Fehlerkarteien gearbeitet. Tauscht eure Erfahrungen darüber aus. Welche Vorteile und welche Nachteile hat das Üben mit einer Fehlerkartei?

b   Wie ist diese Fehlerkartei angelegt? Hast du es auch so gemacht?
Was hast du anders gemacht? Warum?

2 a   Lege für diese schwierigen Wörter Karteikarten oder Seiten nach dem Muster in Aufgabe 1 an.

interessant, ungefähr, Leichtathletik, Reparatur

b   Beschrifte weitere Karten mit deinen Fehlerwörtern.

 Überlege einmal, ob sich diese Rechtschreibübung auch mit dem Computer erledigen lässt.
Oder probiere es einfach einmal aus.

3 So könnt ihr weiterüben:

1. Präge dir alle Beispiele zu einem Übungswort ein und schreibe sie dann aus dem Gedächtnis noch einmal auf. Benutze ein Extrablatt und kontrolliere anschließend.
2. Deine Tischnachbarin / Dein Tischnachbar diktiert und kontrolliert.
3. Du diktierst und kontrollierst.

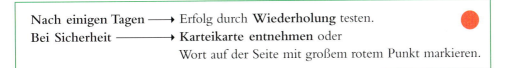

Sich Schreibungen einprägen

4 Das Wort *Portmonee* können selbst viele Erwachsene nicht richtig schreiben. Wetten, dass du es kannst, wenn du es zehn- bis fünfzehnmal aufgeschrieben hast? Versuch es.

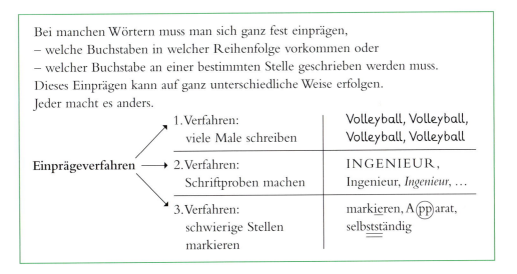

5 a Probiere alle drei Einprägeverfahren aus, die im Rahmen genannt sind.
Als Übungswörter kannst du die folgenden verwenden:

er empfiehlt	Fernsehapparat	Appetit
nirgends	allmählich	Temperatur
Schiedsrichter	Lineal	ungefähr
vielleicht	ziemlich	ein bisschen

b Welches Einprägeverfahren sagt dir am meisten zu? Warum?

c Manche von euch machen es vielleicht auch so:
Bei Unsicherheit schreiben sie ein Wort in mehreren Varianten auf einen Zettel, z. B.:

Grossstadt   Großstadt   Grosstadt

Dann fragen sie sich, welche Schreibung am besten aussieht. Was machen sie aber in Wirklichkeit?

d Kennst du noch andere Einprägemöglichkeiten? Stelle sie in der Klasse vor.

Richtig abschreiben

6 Nadins Deutschlehrerin weiß: Nur wenigen Schülerinnen und Schülern gelingt es, Tafeltexte oder Aufgaben aus Büchern ohne Fehler abzuschreiben. Bei einem Test mit 3000 Schülern des 6. Schuljahrs haben von jeweils 100 Schülern nur 16 einen Text von drei Zeilen fehlerlos von der Tafel abgeschrieben.

a Tauscht euch über das Abschreiben aus:
(1) Welchen Sinn hat es?
(2) Welche Schwierigkeiten treten dabei auf?
(3) Wie kann man es fehlerfrei schaffen?

b Dieses alte chinesische Sprichwort eignet sich gut zum Eintragen in ein Freundschaftsbuch. Testet euch. Wer schreibt es ab, ohne einen einzigen Fehler zu machen?

Willst du über andere siegen,
dann besieg dich selbst.
Willst du über andere urteilen,
dann beurteil dich selbst.
Willst du andere erkennen,
dann erkenn dich selbst.

Wie du beim Abschreiben vorgehen kannst

1. Lies den Text aufmerksam durch.
2. Unterstreiche schwierige Wörter.
3. Gliedere die Sätze durch Schrägstriche in sinnvolle Wortgruppen.
4. Wiederhole diese Wortgruppen in Gedanken oder sprich sie dir leise vor.
5. Schreibe die Wortgruppen anschließend aus dem Gedächtnis auf.
6. Vergleiche mit der Vorlage.

7 Schreibe den folgenden Tipp ab. Mach es, wie im Rahmen auf S. 166 vorgeschlagen.

Hausaufgaben klug aufteilen

Beginne mit solchen Aufgaben, die dir besonders liegen. Das sind z. B. Arbeiten für deine Lieblingsfächer. So erleichterst du dir den Start und schaffst dir ein erstes Erfolgserlebnis. Danach nimmst du dir die schwierigeren Aufgaben vor, die mehr Ausdauer und Konzentration verlangen: Matheaufgaben lösen oder Vokabeln lernen. Zum Schluss erledigst du die einfacheren Aufgaben, z. B. etwas nachlesen oder wiederholen.

Partnerdiktate schreiben

8 Partnerdiktate sind Übungsdiktate. Sie können euch helfen, in der Rechtschreibung sicherer zu werden.
Worauf müsst ihr achten, wenn ihr euch gegenseitig Sätze oder einen Text diktiert – als Diktierende und als Schreibende?

9 Diktiere deiner Nachbarin / deinem Nachbarn den folgenden Text zur Schreibung von Wörtern mit *s – ss – ß*. Die Kommas kannst du ansagen.

Was Hunde mögen

Unser Waldi frisst ganz besonders gern Gulasch. Vor ihm hatten wir Benno, der fraß mit Vorliebe Süßigkeiten. Vollmilchschokolade verspeiste er mit besonders großem Genuss.
Benno riss oftmals von zu Hause aus. Er saß dann vor unserer Schultür und wartete auf mich. Wenn er ganz verängstigt dasaß, wusste ich, dass etwas passiert war. Meist hatten Kinder mit Steinen nach ihm geschmissen.
Waldi darf man nicht in den Garten lassen, wenn die Tulpen blühen. Als meine Mutter das einmal vergaß, waren die schönsten und größten Blüten abgerissen oder abgebissen.

Wie ihr bei Partnerdiktaten verfahren solltet

1. Zuerst liest sich jeder den Text langsam durch, um ihn zu verstehen.
2. Dann gliedert ihr den Text durch senkrechte Striche in sinnvolle Diktiereinheiten von drei bis fünf Wörtern.
3. Einer diktiert dem anderen den Text nun langsam und deutlich.
4. Der Schreibende hört gut zu, wiederholt die Wortgruppe still für sich und schreibt sie dann auf.
5. Der Diktierende sieht das Diktat genau durch und nennt die Fehler, die der andere gemacht hat.
6. Ihr berichtigt die Fehler gemeinsam.
7. Nun werden die Rollen getauscht.

Laufdiktate schreiben

10 Bei einem Laufdiktat übst du dein Schreibgedächtnis, musst dabei aber nicht die ganze Zeit still auf deinem Platz sitzen. Das geht so:

Deine Lehrerin / Dein Lehrer hat an der Tafel oder an einer Pinnwand ein Übungsdiktat angeheftet.

a Geh zu der Tafel, lies den ersten Satz des Textes mehrmals langsam und gründlich, sprich ihn dir eventuell auch leise vor und merke ihn dir.

b Geh zurück zu deinem Platz und schreibe diesen Satz auf. Wenn du einen Teil des Satzes vergessen hast, kannst bzw. musst du noch einmal zur Tafel gehen. Statt den Satz selbst aufzuschreiben, kannst du ihn auch deiner Nachbarin / deinem Nachbarn diktieren.

c Wiederhole das mit jedem Satz. Ob du dir auch schon zwei (kürzere) Sätze auf einmal einprägen kannst?

d Wenn du alle Sätze aufgeschrieben hast, bekommst du den gesamten Übungstext zum Vergleich. Berichtige alle Fehler und ergänze, wenn nötig, deine Fehlerkartei.

Dosendiktate schreiben

11 Auch beim Dosendiktat musst du dir Sätze einprägen und sie dann aus dem Gedächtnis aufschreiben. Doch zuvor musst du erst einmal einen „zerstückelten" Text wiederherstellen. Hast du schon eine Vorstellung, wie das vor sich gehen soll?

a Nimm alle „Satzstreifen" aus der Dose, die deine Lehrerin / dein Lehrer dir gegeben hat, heraus. Lies dir die Sätze durch und ordne sie nach ihrer inhaltlichen Reihenfolge. Lies den zusammengesetzten Text als Ganzes durch, damit du ihn verstehst.

b Lies dann den ersten Satz mehrmals langsam und gründlich, sprich ihn dir eventuell auch leise vor, präge ihn dir ein und stecke den Streifen wieder in die Dose.
Schreibe den Satz aus dem Gedächtnis auf oder diktiere ihn deiner Nachbarin / deinem Nachbarn. Verfahre mit den übrigen Sätzen genauso.

c Vergleiche deinen Text mit dem Originaltext, den du von deiner Lehrerin / deinem Lehrer erhältst. Berichtige die Fehler und nimm sie in deine Fehlerkartei auf.

Rechtschreibspiele ausprobieren

Rechtschreibspiele machen meistens Spaß. Man lernt dabei aber auch, wie Wörter aufgebaut sind, und wird sicherer bei ihrer Schreibung.
Wenn ihr die folgenden Spiele ausprobiert oder abwandelt und vielleicht sogar selbst welche erfindet, dann merkt ihr, was man dabei alles lernen kann.

12 Mehrere Wörter in einem Wort entdecken

```
B L E I S T I F T
B L E I . . . . .
B . . I S T . . .
. . E I S . . . .
B . E I . . . . .
. . E I . . . . .
. L E I . . F . .
. L . I S T . . .
. L . I . . F T .
. . . . S T I F T
```

1. Möglichkeit
Ihr versucht, aus den Buchstaben möglichst viele andere Wörter zu bilden, ohne dass die Buchstaben ihre Stellung ändern, so wie im Beispiel links.

2. Möglichkeit
Ihr bildet aus den Buchstaben durch Kombination möglichst viele andere Wörter, z. B. STIEL, TIEF, …

3. Möglichkeit
Ihr sucht zu jedem Buchstaben ein neues Wort, das mit diesem Buchstaben beginnt. Noch schwerer wird es, wenn dieses Wort einen Doppelkonsonanten haben soll:

```
B L E I S T I F T
A       O
L       N
L       N
        E
```

13 Aus Silben Wörter zusammenfügen

a Setzt die Silben zu sinnvollen Wörtern zusammen. Es sind zwölf. Wer schafft es zuerst?

Tref – me – Schim – sel – Stel – fer – Stim – pe – Git – mel – Kup – le – Schlüs – nung – Sum – pe – Etap – fel – Span – pel – Trep – me – Waf – ter

b Stelle nun selbst einen Silbensalat her und lass deine Klassenkameraden sinnvolle Wörter daraus zusammensetzen.

Arbeitstechniken

14 Die richtige Bezeichnung erraten

Schreibt die Lösungswörter auf. Sie enthalten alle einen Doppelkonsonanten. Wer schafft es am schnellsten?

Arbeitsraum eines Handwerkers	der vierte Tag der Woche	wenn es blitzt und donnert	11 Spieler
Dort kann man Benzin zapfen.	0 Uhr	wenn man nicht einmal einen Hund vor die Tür jagt	Sportler, der im Wasser trainiert
Man kann sich dort etwas ansehen.	eine Jahreszeit	gefährlicher Straßenzustand im Winter	Leistungsvergleich von Sportlern
Dort kann man essen und trinken.	die Zeit von 14 bis 17 oder 18 Uhr	Krankheit mit Fieber, Husten und Schnupfen	Abschnitt einer Radrundfahrt
Gegenteil von Flut	steifes, papierähnliches Material	Kinderfahrzeug	kurzes Ruder

Projekt: Wir stellen Lernspiele her

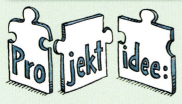 Wir stellen Lernspiele her

Das hab ich spielend gelernt! Diesen Satz habt ihr sicher schon öfter gehört. Wenn Spielen das Lernen angenehm und leicht macht, dann sollte es auch dafür genutzt werden.

Als Erfinder und Hersteller von Lernspielen könntet ihr so vorgehen:

1. **Projektidee** und **Ziel** werden beraten.

    Folgende Fragen könntet ihr euch z. B. stellen:

    (1) Für wen sollen unsere Lernspiele bestimmt sein?
    (2) Wollen wir Lernspiele für den Deutschunterricht oder auch für andere Fächer herstellen?

     → S. 169–170: *Rechtschreibspiele ausprobieren.*

    (3) Wann sollen die Spiele benutzt werden?
    (4) Wo können sie aufbewahrt werden?

2. Das **Projekt** wird **geplant** und **durchgeführt**.

    Folgende Teilschritte könntet ihr gehen:

    (1) Mustert zu Hause eure Spielesammlung und notiert solche Spiele, die euch Spaß machen und die sich für den Unterricht umgestalten lassen.
    (2) Stellt eure Ideen in der Klasse vor.
        Entscheidet gemeinsam, welche Spiele ihr herstellen wollt.
    (3) Erzählt im Kunst- und Werkunterricht von eurem Vorhaben. Stellt Fragen und lasst euch Anregungen für die Gestaltung der Spiele geben.
    (4) Bildet Gruppen. Jede Gruppe könnte die Herstellung eines Spiels übernehmen.
    (5) Besprecht die Regeln für eure Gruppenarbeit und setzt den Termin für die Erprobung und die Fertigstellung der Spiele fest.
        Legt auch Zwischenauswertungen fest, damit ihr wisst, ob alles planmäßig verläuft.

3. Zum **Projektabschluss** wird das Ergebnis vorgestellt.

    Überlegt euch, zu welchem Anlass und in welcher Form das geschehen könnte. Vielleicht ladet ihr eure Parallelklasse zu einem Lernspiel-Nachmittag ein?

Wichtige grammatische Bezeichnungen

	deutsche Bezeichnung	Beispiel
Adjektiv	Eigenschaftswort	schön, gelb, breit
Akkusativ	4. Fall	den Mann; ihn
Artikel	Geschlechtswort	der, die, das; ein, eine, ein
Attribut	Beifügung	der *kleine* Junge, *meine neue* Jacke
Dativ	3. Fall	dem Mann; ihm
Deklination	Beugung eines Substantivs	der Hund, des Hundes, dem Hund, den Hund
Diphthong	Doppellaut	au, eu/äu, ei/ai/ey/ay
direkte Rede	wörtliche Rede	Sie fragt: „Kommst du mit?"
finite Verbform	gebeugte Verbform	ich lese, du erzählst, wir schreiben
Futur I	Zukunft	ich werde laufen, sie wird sagen
Genitiv	2. Fall	des Mannes; seiner
Genus	grammatisches Geschlecht	der Ort, die Stadt, das Dorf
infinite Verbform	ungebeugte Verbform	gesprochen
Infinitiv	Nennform des Verbs	sprechen, fahren, raten
Kasus	Fall	der Hund, des Hundes, dem Hund, den Hund
Komparation	Steigerung eines Adjektivs	schön, schöner, am schönsten
Komparativ	Mehrstufe; 1. Steigerungsstufe	schöner, höher, freundlicher
Konjugation	Beugung eines Verbs	ich hole, du holst, er holt, wir holen, ihr holt, …
Konjunktion	Bindewort	und, oder, als, dass
Konsonant	Mitlaut	b, c, d, f, …

	deutsche Bezeichnung	Beispiel
Nominativ	1. Fall	der Mann; er
Numerus	Zahl	das Haus, die Häuser
Objekt	Ergänzung	
Akkusativobjekt	Ergänzung im 4. Fall	Siehst du *das Haus*?
Dativobjekt	Ergänzung im 3. Fall	Ich danke *dir*.
Genitivobjekt	Ergänzung im 2. Fall	Ich erinnere mich *seiner*.
Partizip II	Mittelwort	gelacht
Perfekt	vollendete Gegenwart	ich bin gelaufen, sie hat gesagt
Personalpronomen	persönliches Fürwort	ich, du, er, sie, es; wir, ihr, sie
Plural	Mehrzahl	die Schüler, die Häuser
Plusquamperfekt	vollendete Vergangenheit	ich war gelaufen, sie hatte gesagt
Positiv	Grundstufe	schön, hoch, freundlich
Possessivpronomen	besitzanzeigendes Fürwort	mein, dein, sein, ihr, sein; unser, euer, ihr
Prädikat	Satzaussage	Der Junge *rennt*.
Präfix	Vorsilbe	be-, ent-, miss-, ur-, zer-
Präsens	Gegenwart	ich laufe, sie sagt
Präteritum	Vergangenheit	ich lief, sie sagte
Pronomen	Fürwort	er, sie; sein, ihr
Singular	Einzahl	der Schüler, das Haus
Subjekt	Satzgegenstand	*Der Junge* rennt.
Substantiv/Nomen	Dingwort, Hauptwort, Namenwort	Stadt, Auto, Freude
Suffix	Nachsilbe	-heit, -ung; -ig, -lich
Superlativ	Meiststufe; 2. Steigerungsstufe	am schönsten, am höchsten, am freundlichsten
Tempusform	Zeitform	ich singe, ich sang, ich habe gesungen
Verb	Tätigkeitswort, Zeitwort	schwimmen, telefonieren
Vokal	Selbstlaut	a, e, i, o, u

Was finde ich wo?

Lernbereiche	Unsere Muttersprache 5	Unser Lesebuch 5
LB 1 Gewusst wie	Lesetechniken S. 54 ff. Texterschließung S. 60 ff. Informationsbeschaffung S. 60 ff., 64 ff. Textproduktion S. 33 ff., 70 ff. Gespräche S. 10 ff. Kurzvortrag S. 80 f. Fehlervermeidung und -berichtigung S. 64 ff., 147 f., 164 ff.	Lerntechnik Lesen S. 125 ff., 31 f. Lesetagebuch S. 192 Internetrecherche S. 30 f., 42, 50 u.a. Textproduktion S. 15, 21, 47, 56, 58 Gesprächsregeln S. 13, 76, 88, 95 u.a. Partner- und Gruppenarbeit S. 32, 115, 123, 132, 134, 139, 146 u.a.
LB 2 Schritt für Schritt: Wort – Satz – Text	Wortarten S. 112 ff. Wortschatzerweiterung S. 134 ff. Satzarten S. 93 ff. Satzglieder S. 95 ff. Haupt- und Nebensatz, Zeichensetzung S. 105 ff. Laut-Buchstaben Beziehungen S. 149 ff. Groß- und Kleinschreibung S. 160 ff. Worttrennung S. 139, 163	Zusammengesetzte Substantive S. 72
LB 3 Über mich und andere: Heimat	Brief, E-Mail S. 22 ff. Vorlesen S. 54 ff. Nacherzählen S. 30 ff. Personen- und Ortsnamen S. 82 ff. Auseinandersetzung mit dem eigenen Umfeld S. 6 ff.	Orts- und Heimatsagen S. 162 ff. Informationen über Orte der Heimatregion beschaffen S. 164 ff.
LB 4 Entdeckungen: Natur und Geschichte	Informationsbeschaffung S. 60 ff., 64 ff. Kurzvortrag S. 80 f. Beschreiben S. 40 ff.	Informationsbeschaffung S. 67, 82 Lyrische Texte über Naturphänomene S. 57 ff.
LB 5 Die Welt der Bücher: Bibliotheken		Bibliotheken S. 212 ff. Buchvorstellung S. 210 f. Lesetagebuch S. 192
LB 6 Fantasie und Wirklichkeit: Märchenhaftes und Unglaubliches	Vorlesen S. 54 ff. Erzählen S. 25 ff. Schreiben von Fantasiegeschichten S. 33 ff.	Märchen aus aller Welt S. 148 ff. Schreiben von Fantasiegeschichten S. 89, 102, 195
WP 1 Vorhang auf – Schattenspiel		Wir spielen Schattentheater S. 168
WP 2 Reise in die Vergangenheit	Entstehung von Namen S. 82 ff. Erb-, Lehn-, Fremdwörter S. 88 ff.	Sagen S. 162 ff.
WP 3 Lyrik verstehen	Rezitieren S. 54 ff. Schreiben nach Vorgaben S. 33 f.	Umgang mit Lyrik S. 57 ff.

Sachwortverzeichnis

Ablehnung ausdrücken 13
Ableitung 137, 141
Abschreiben 166
Adjektiv 131, 132, 133
Akkusativ 125
Anredepronomen 162
Artikel 127
Attribut 102, 132
Aufzählung 103

Bedeutungsprobe 158
Begleiter des Substantivs 127
Begleitsatz 109
Beschreiben
    B. eines Gegenstands 50, 52, 53
    B. eines Lebewesens 46, 47, 48
    B. eines Vorgangs 41, 43, 44, 45
Bestimmungswort 134
Brainstorming 33
Briefe schreiben 22, 23
Buchstabenverbindungen 153

Dativ 125
Deklination 125
Diktatformen 167, 168
direkte Rede 109

Einleitewort 106
Einprägeverfahren 165
E-Mails schreiben 24
Erbwort 89
Erzählen
    E. eines Erlebnisses 26, 27
    E. eines Witzes 32
    mündliches E. 26
    schriftliches E. 27
Erzähl-TÜV 71

Familienname 85
finite Verbform 115, 118
Flurname 87
Frageprobe 99
Fremdwort 89
Fugenelement 135
Futur I 121, 122

Gefühle darstellen 27
Genitiv 125
Genus 127
Geschichten erfinden 33, 34, 35, 37
Gesprächsregeln 15
Gestik 16

Großschreibung
    G. der Anredepronomen 162
    G. der Substantive 161
Grundwort 134
Gruppenarbeit 10

Hauptsatz 106
Hilfsverb 118

infinite Verbform 119
Infinitiv 119
Informationen entnehmen 60, 61
Internet 68

Karten schreiben 22, 23
Kasus 125
Kommasetzung 103, 105, 106, 110
Komparativ 133
Kompromiss ausdrücken 13
Konjugation 115
Konjunktion 105
Korrekturzeichen 71
Kurzvortrag 81

Lehnwort 91
Leitformen / Stammformen 112
Lesehilfe 54
Lesetechnik (5-Gang-L.) 60
Lexikon 67, 68

Markierungstechnik 61
Meinung begründen 14
Mimik 16
Mindmap 36, 146

Nacherzählen 30, 32
Nachschlagewerk 64
Name 85, 86, 87
Nebensatz 106
Nominativ 125
Numerus 127

Oberbegriff 146
Objekt 99, 101
Ortsname 85, 86

Partizip II 119
Perfekt 121, 122
Personalpronomen 130
persönliche Ausdrucksweise 42
Plural 127
Plusquamperfekt 121, 122
Positiv 133

Possessivpronomen 127
Prädikat 97, 98
Präfix 137, 141
Präsens 121, 122
Präteritum 121, 122
Projekt 8
Pronomen 129

Reizwort 33
Rufname 85

Satzgefüge 106
Satzglied 95
Satzkern 97
Schreibkonferenz 77, 78
Singular 127
Stammvokal 137
Steigerung 133
Subjekt 97
Substantiv 125, 127, 134, 137, 161
Suchmaschine 68
Suffix 137, 159
Superlativ 133

Telefonieren 19, 20
Texte überarbeiten 70, 75, 76

Umstellprobe 95, 96
unpersönliche Ausdrucksweise 42
Unterbegriff 146

Verb 112
    schwaches V. 114
    starkes V. 114
Verlängerungsprobe 149, 150, 155
Verwandtschaftsprobe 152
Vorlesen 54
Vorname 85

Wortbauteil 138, 163
Wörterbuch 64, 65, 66, 67
Wortfamilie 142
Wortfeld 144
Wortstamm 137, 142
Worttrennung 163

Zeitformen 118, 121, 122
Zerlegeprobe 138
Zuhören 15, 30
zusammengesetzter Satz 105, 106
Zusammensetzung 134, 139
Zustimmung ausdrücken 12

Quellenverzeichnis

Texte: 30 Die Teufelsmühle bei Hetzendorf. In: Brandt, Manfred (Hg.): Mein Sachsen lob ich mir. Volkskundliches aus Sachsen. Berlin: Volk und Wissen, 1992, S. 11. | **31** Das Hänsel aus der Umgebung von Stolpen. In: Trommer, Harry (Hg.): Deutsche Heldensagen. Bd. 2. Berlin: Kinderbuchverlag, 1966, S. 69–70 | **45** Blümel, Hans: Der Stieglitz. In: Biologie. Band 1. Berlin: Volk und Wissen, 1999, S. 37 | **54** Ringelnatz, Joachim: Der Stein. In: Sämtliche Gedichte. Zürich: Diogenes, 1997, S. 13 | **55 f.** Grimm, Jakob und Wilhelm: Das kluge Gretel. In: Die Kinder- und Hausmärchen der Brüder Grimm. Berlin: Kinderbuchverlag, 1978, S. 151–154 | **57** Morgenstern, Christian: Gruselett. In: Alle Galgenlieder. Frankfurt am Main: Insel-Verlag, 1972, S. 309 | **58** Jandl, Ernst: ottos mops. In: Siblewski, Klaus (Hg.): poetische werke in 10 bänden. Band 4. München: Luchterhand, 1997, S. 60 | **62** Das richtige Meerschweinchen auswählen. In: Behrend, Katrin: Meerschweinchen. Verstehen. Pflegen. Versorgen. München: Gräfe und Unzer, 1995, S. 27 | **66** Deutsche Rechtschreibung. Berlin: Volk und Wissen, 1999, S. 62 | **80** © Tourismusverband Sächsische Schweiz e. V., 2004 | **80 f.** Das Elbsandsteingebirge. Nach: Unser Land Sachsen in Karte, Bild und Wort. München: Paul List Verlag, 1991, S. 50–51 | **83** Debus, Friedhelm (Hg.): Reclams Namenbuch. Deutsche und fremde Vornamen nach Herkunft und Bedeutung erklärt. Stuttgart: Philipp Reclam jun., 1987, S. 73 u. 35 | **100** Kaugummikauen im Unterricht? Nach: Blum, Wolfgang: Kauen fürs Hirn. In: Die Zeit, Nr. 13, 25. 03. 1999, S. 47 | **103** Bautze, Hanna: Witzbuch für Kinder. Ravensburg: Buchverlag Otto Maier, 1987, S. 76 | **117** Eine Merkhilfe: die Locus-Technik. Nach: Endres, Wolfgang; Bernard, Elisabeth: So ist Lernen klasse. München: Kösel-Verlag, 1996, S. 28 | **120** Die Ureinwohner Amerikas. Nach: Schlagwort „Indianer". In: Enzyklopädie. Hg. v. Microsoft®, Encarta® 98. Microsoft Corporation, 1993–1997 | **128, 134** Schädlich, Hans Joachim: Der Sprachabschneider. Reinbek: Rowohlt Taschenbuch Verlag, 1993, S. 23 f., 14 | **133** Troll, Thaddäus: Rotkäppchen (um 1960). In: Mieder, Wolfgang (Hg.): Arbeitstexte für den Unterricht. Grimms Märchen – modern. Stuttgart: Reclam Verlag, 1992, S. 89

Fotos: Einband Döring, V. / Schulz, Th. | **14** Döring, V. | **28** Fischer, R. | **33** (l.) Mauritius / Palais | **33** (r.) Mauritius / Superstock | **43** Fotex / EMG / Fabio Correa | **45** Blümel, H. | **46** Roland Seitre / BIOS / OKAPIA | **48** Mauritius / Cotton | **49** Grundel, R. | **64** Schneider, T. | **77** Schneider, T. | **81** dpa | **83** Kunze, R. | **85** NaturBild, Harald Lange, Bad Lausick | **87** Auszug aus der „Rad- und Wanderkarte: Elbsandsteingebirge". Stuttgart: RV Verlag GmbH, 1998 | **98** AKG Berlin | **101** Döring, V. | **123** mit frdl. Genehmigung des Karl-May-Museums Radebeul | **155** Tony Stone IMAGES / Ken Fischer | **162** Schulz, Th.

Zeichnungen: 47 (u.) Behrendt, H.-J. | 79 Förth, B. | 90 Wunderlich, Th. | 120 Zieger, W.

Wir danken den Rechteinhabern für die Abdruckgenehmigung. Da es uns leider nicht möglich war, alle Rechteinhaber zu ermitteln, bitten wir, sich gegebenenfalls an den Verlag zu wenden.